U0608893

选 择

林国沣

著

中信出版集团｜北京

图书在版编目（CIP）数据

选择 / 林国沣著 . -- 北京：中信出版社，2023.1
ISBN 978-7-5217-4686-0

Ⅰ . ①选… Ⅱ . ①林… Ⅲ . ①企业管理－经验 Ⅳ .
① F272

中国版本图书馆 CIP 数据核字（2022）第 157039 号

选择
著者： 林国沣
出版发行：中信出版集团股份有限公司
　　　　　（北京市朝阳区惠新东街甲 4 号富盛大厦 2 座　邮编　100029）
承印者： 捷鹰印刷（天津）有限公司

开本：880mm×1230mm　1/32　　　印张：9.5　　　字数：180 千字
版次：2023 年 1 月第 1 版　　　　印次：2023 年 1 月第 1 次印刷
书号：ISBN 978–7–5217–4686–0
定价：68.00 元

版权所有·侵权必究
如有印刷、装订问题，本公司负责调换。
服务热线：400–600–8099
投稿邮箱：author@citicpub.com

你为什么要读这本书

对于读者，我要问一个更大的问题：什么是成功？

我认为，衡量它的标准，不是一个人赚了多少钱或拥有什么头衔，而是你的职业和一生的工作，对世界产生了什么样的积极影响，你帮助和培养了哪些人，最重要的是，你以何种方式与世界充分互动，并让他人体验到你所拥有的才能和天赋。

基于以上这些原因，读这本书会对你有帮助。

作为一个亲密的朋友和顾问，我认识 Kenny（林国沣）几十年了。第一次见到他时，我们都是北京大学的留学生。对我来说，显而易见的是，当 Kenny 追求商业事业时，他不会走传统的金融道路。从遇见他的那一刻起，我就为他的创业精神、好奇心和抱负所鼓舞。

这种精神让人拥抱挑战，调适思维，向他人学习。这些特质是像 Kenny 这样的人的标志，他们在每 10 年都呈指数级变化的世界中茁壮成长。

我真诚地希望我在 20 多岁时能读到这本书，当时我是如此狭隘地专注于取得好成绩和努力工作。这些因素无法让你走得更远。

我对如何成功驾驭生活没有更高、更广泛的理解，而且我在这一路上犯了几个错误。虽然这些错误成了我关键的人生经验，但它们有时也会耽误事情，让我错失良机。不是每个人都需要犯同样的错误。

成功从来都不是那么容易或直截了当的。随着职业生涯的发展，沟通、人员管理、决策等技能变得越来越重要。还有其他变得重要的事情吗？那就是学会驾驭困境。我坚信，生活会给我们足够多的障碍和阻力来推动我们前进。Kenny 分享了他自己的一些经历，证明了很多时候新的机会不是来自生活的顺遂，而是来自沿途的坎坷。

我很高兴 Kenny 正在分享他的智慧。我从他那里学到了如何带着影响力和好奇心生活，为超越自己的东西而努力，并以谦卑和真实的态度应对挑战。通往成功的道路有很多条，而通向失败的必经之路有一条：让自己退缩。有了这本书和 Kenny 的鼓励，我相信你不会走上这条路。

刘文思（Betty Liu）

纽约证券交易所前执行副主席

目
录

第 一 阶 段 ———————————

摸索自我定位和设定好的心态，理解自己在"市场"上的价值主张可以是什么

———————————

003 · 第1章 / 渴望胜利

来到国外后，由于不想被人视作"特殊群体"，我开始发奋图强。我发现自己对于胜利极为渴望，有时候，这种渴望会被误解为具有侵略性，但它其实与人的激情以及对某事的坚定信念有关。

021 · 第2章 / 寻找定位

我来到了沃顿商学院，认识了许多优秀的同学，他们中的许多人似乎就是为华尔街而生的。和这些同学在一起，让我觉得"山外有山"，只有通过"差异化"定位，才能让自己脱颖而出。

041 · 第3章 / 牛津岁月

沃顿商学院毕业生未来进入华尔街从事金融工作，似乎是理所应当的。但我不希望自己这么早被定义，而是想去尝试一种全新的生活，通过学习法律、政治和哲学，更好地理解这个世界。于是，我来到了牛津大学。

061 · 第4章 / 创业维艰

怀揣着成为决策者的梦想，我选择了创业，创办了一家社交网站，可惜最终没能坚持下去。我了解到，并非每个人都有成为企业家的基因，而缺乏破釜沉舟的勇气，更是创业失败的重要原因。

第 二 阶 段 ————————————————

执行和坚持：在人生最黄金的阶段，做一些难但有意义的事

————————————————————————

085 · **第 5 章 / 挑战麦肯锡**

麦肯锡和其他公司不一样的地方在于，它本身有一套信仰，需要把这里的价值观"镶嵌"到日常生活中。麦肯锡的信条包括"坚守最高的专业标准，显著提高客户绩效，为优秀人才创造无与伦比的环境"。

103 · **第 6 章 / 麦肯锡秘诀**

麦肯锡的与众不同，不仅在于其"不晋则退"的淘汰制度、360 度全方位的人才评价体系，还在于其鼓励发表不同意见的价值观，以及永远服务头部企业的信条。麦肯锡告诉员工，请求原谅，而不是请求允许。

121 · **第 7 章 / 麦肯锡反思**

我在麦肯锡积累了不少经验和教训，包括"管理你的老板"、培养从基层视角出发的领导力、充分重视利益相关者、"少动多想"等。我意识到，不是每个人都要做迈克尔·乔丹，各司其职，团队才更强大。

148 · **第 8 章 / 走向合伙人之路**

麦肯锡本质上是一群与客户建立了合作关系，决定在一个强大品牌下合作、共享资源、集思广益并降低独立运营风险的高级合伙人俱乐部。几经波折、多番考验之下，我终于加入了这个俱乐部。

161 · **第 9 章 /** 初尝合伙人滋味

成为合伙人后，我开始重新进行自我定位，建立自己在财富和资产管理领域的口碑。一个心得是，在各大私人银行 CEO（首席执行官）面前，千万不能"装"，因为绝对会被一眼识破。相反，热情和诚挚才有可能打动他们。

180 · **第 10 章 /** 诺亚缘分

理念和执行完全是两码事。加盟诺亚出任集团总裁后，我才发现总裁与顾问的身份有多么不同。作为总裁，要想将一个项目落地，就要考虑如何说服同事协助自己，不像顾问只要提出建议那么简单。

198 · **第 11 章 /** 诺亚实战

在麦肯锡，我负责提出想法和战略，但到了诺亚，作为总裁，我需要做的是将想法和战略落地，不仅要让各位负责人充分了解战略内涵，避免执行时计划走样，而且要注意收集各种意见，不能完全听信身边高管的说法。

221 · **第 12 章 /** 诺亚尾声

人在一个组织中会经历各种变化，比如从磨合期、上升期到平稳期乃至平庸期。随着诺亚的各项工作日趋稳定，我开始问自己一些问题：我还能为公司创造什么价值？我还能在这里学到什么新东西？

第 三 阶 段 ─────────────────

沉淀和再出发：人生是一个自我学习的过程，思考如何用累积的经验和人脉，从正面帮助和影响社会

─────────────────

237 · **第 13 章 / 走出舒适区**

对我来说，加盟 Two Sigma 意味着走出舒适区，去学习完全不一样的新东西。但走出舒适区并不意味着到处乱跑，你需要找到一件可以实现自我价值、不偏离人生大方向但原本不太擅长的事情去做。

252 · **第 14 章 / 职业生涯中的错误决定**

国际上最有用的人际关系网络大概有三种，即高盛网络、麦肯锡网络和哈佛大学网络，这些网络左右了世界上的许多事情。身处这些网络中，人脉关系的建立要比其他场合牢靠得多。但我没能利用好麦肯锡网络。

262 · **第 15 章 / 职业生涯中的正确决定**

人生有时就像一场赌博，如果"押"对了人，职业生涯就会相对顺利。找到自己的贵人，其实也是一门艺术。这绝不是简单地去找能力强或职位高的人，而是找到一种双向关系——你"投注"他，他也愿意"给"你。

275 · **第 16 章 / 公共生活**

对社会的贡献，一定不能流于形式。有思考性的行动，远远比你直接给别人钱重要。只有充分调动年轻人的积极性，激发他们的参与感和成就感，才能真正做好代际沟通，帮助他们找到自己新的定位，拥抱未来。

291 · 后记 把你拿到的牌打到最好

第一阶段

摸索自我定位和
设定好的心态，
理解自己
在"市场"上的
价值主张可以
是什么

第 1 章

渴望胜利

心得总结   *

确定优先级：人不能太贪心，不要同时做很多件事。只专注于最关键的几件事，才能一步步走向胜利。

易于上手：设定可行的小目标，并确保这些小目标加在一起可以做成更大的事情。以我的 SAT（美国学业能力倾向测验）备考为例，每半天学习 20 个单词的目标似乎不难，但加在一起，2 500 个单词就很可观了。

树立自信心：背词典这件怪事，我在高中完成了，这强化了我的心态。我开始相信，只要我下定决心，我可以做成任何事情。

渴望胜利：有时候，这种渴望常常会与侵略性联系在一起，但我认为这是一种误解。对我而言，这种渴望与人的激情以及对某事的坚定信念有关。它需要回到几个基本问题：你在乎什么？是什么让你沸腾？什么能让你充满活力？为什么在乎它？怎样才能做到最好？

- 1 -

我从小在香港长大。记忆中，小时候的我一直非常平凡。我不记得自己哪方面表现得特别优秀，不记得自己有何特长，也不记得有谁称赞过我有天赋。如果有人问我，儿时的自己有何自豪之处，我大概说不上来。唯一记得的，大概是自己还算有点小聪明，在上幼儿园的第一年就考了全年级第一。那是一个高光时刻，父母也对我期望很高。

不过，第二年我就落到了第三名，我颇有些沮丧，觉得对父母无法交代。那时的我只是个五六岁的孩子，看着自己的成绩很不开心，于是找到一块橡皮，把自己的名次改成了第一。没错，我直接改了自己的成绩，宣布自己是第一名。当然，我最终没敢把修改过的名次给父母看。我选择把成绩单藏了起来，希望父母永远找不到它。

但他们很快就注意到了我没有成绩单。想靠这种伎俩瞒过父母，还是太天真了。我的表兄弟跟我在同一所幼儿园读书，他们都有成绩单，我怎么可能没有呢？于是父母开始到处找我的成绩单，最终揭穿了我的"阴谋"，修改成绩的事也被发现了。

我不只挨了骂，还挨了爸爸第一顿打，因为他不想我说谎。即使我是因为不服输修改了名次，以至最终藏匿了成绩单，这也不是说谎的理由。这是我爸爸希望我学到的教训。

除了这段经历，我几乎想不起儿时还有其他高光时刻（尽管后来这个高光时刻演变成了痛苦一刻），之后我的学习成绩一直很平庸，也没什么事情对我产生了重大影响。在那段时光中，虽然父母对我有所期待，但我一直表现平平。现在想想，其实父母说的话很难对孩子产生太大的影响，但父母的行为、家庭氛围，以及周遭的环境，能给孩子带来巨大的影响。

作为一个男孩，我在功课上可能不会很早发力，但到了中学之后，只要气氛和环境对了，自己获得了内在驱动力，就有可能取得突破。

但我是在很久以后才意识到这个问题的。至少在成长阶段，我对自己的定位就是个平凡的孩子。

我在香港就读的中学还不错，但也谈不上最好。我至今还清楚地记得，我在学校里的排名总是居中：在150人的年级里，我的排名在第七八十名，不高不低。

我经常觉得，自己仿佛天生就被设计为一个普通的孩子。我的基因似乎处于平均水平，不是很好，也不是很差。我并没有明显感觉到自己对胜利的渴望，并不具备那种一定要赢的激情。直到我13岁前往加拿大读中学后，情况才开始逐渐发生变化。

- 2 -

1987 年，13 岁的我远离父母，只身来到温哥华列治文，住在一位叔叔的家里。父母希望我先过来适应环境，他们晚些时候才会过来陪我。

那位叔叔是我爸爸的生意伙伴，20 世纪 70 年代就来到了加拿大，当时已经在加拿大生活十多年了，生活方式非常西化，与我从小的习惯大不一样。因此，我的加拿大生活初体验和许多刚来的人不太一样。我需要直接融入非常西化的家庭生活——周末参加烧烤聚会，常常去美国西雅图买牛奶，没事还要打个猎。我常常觉得，叔叔阿姨根本就是外国人，是黄皮肤的外国人。

到温哥华后的头两个月对我而言是非常辛苦的。尽管叔叔阿姨对我很好，我也有自己的房间，生活无忧，但那种文化上的冲击，那种与香港截然不同的生活方式，令我需要时刻做好准备调整自己。

比方说，叔叔一家非常喜欢音乐，几乎每天晚上都会去唱歌。对我来说，许多类似这样的活动都很奇怪，一开始不愿参与其中，常常自己躲在小房间里做自己的事。但过了一段时间，我感觉到了另一种不舒服——仿佛自己在"搞特殊化"。我觉得自己不应该那么不合群，于是开始逼自己参与各种活动，包括那些非常加拿大式的活动，例如打猎。这是在香港完全没有体验过的生活方式。

调整心态后，我白天会陪叔叔去看他打猎，晚上会去唱歌，虽然谈不上多喜欢这些活动，但总算开始融入了新的家庭生活，更重要的是，开始融入新的社会。

我当时意识到，既然来到这里，我不能只作为一个旁观者，只作为一个特殊小圈子中的新来者。我必须融入，无论是家庭生活还是社会氛围。如果不习惯，那么需要改变的一定是我自己。

那个时候的科技自然无法与现在相提并论，不可能进行即时通信，我跟父母一个月才能通一次话。因为父母不在身边，很多事情都要自己做，特别需要独立思考。现在想想，正是这段经历让我开始走向独立，特别是养成了独立思考的习惯。我几乎是靠自己做出了"一定要融入社会"的打算，尽管才 13 岁，但我没有畏惧一个陌生的环境，反而开始积极拥抱新的变化。

当然，我对那个时候的加拿大印象不错，大部分人很朴实，很少有人歧视亚洲人。温哥华的生活环境也很惬意，住所比较大，空气也好，其实我挺开心。但作为一个在香港出生、长大的孩子，我必须面对文化和生活习惯上的差异，这是客观事实。

当时的香港，经济刚刚起飞，父母普遍望子成龙，希望他们考上好的大学，选择法律、医学、商科等比较热门的专业，因为社会非常需要这些领域的专业人才。所以，离开热闹的香港，来到相对平静的温哥华，我除了享受惬意的生活环境，也希望自己能学有所成。特别是，我希望自己能作为主流社会的一分子学习，而非作为亚洲人小圈子的一分子。

在 13 岁的我心中，埋下了希望融入一切的种子。无论是在生活、娱乐还是学习上，我都不希望被视作某个特殊群体的一员。这或许是我后来学业突飞猛进的重要诱因吧。

- 3 -

20 世纪 80 年代的温哥华非常平静，民风淳朴，华人并没有现在那么多。我就读的是家附近的一所普通学校。当时每个班级里的华人只有 8~10 人。你可以想象，一个香港小孩独自跑到这里生活，读的又是一所陌生的学校，一开始并不会一帆风顺。

现在回想起来，我当时并不知道种族主义为何物，也根本不懂中西文化差异意味着什么。但我已经敏感地观察到，包括我在内的有着少数族裔背景的孩子，似乎被人为地和其他孩子区分了开来。

当时我被分到一个 ESL（即以英语为第二语言）班，凡是母语非英语并把英语作为第二语言的人都会进入这类班级。进入 ESL 班意味着你英语不好，所以被丢进了有着少数族裔背景的学生群体中，希望你先提高英语水平，然后再去学习其他专业课程。这些学生被定位为与白人学生"不同"的人（学校里有这样一群怪怪的少数族裔学生，被强制聚集在一起，上着某种特殊的补习班），至少我是这么认为的。

当时的加拿大还是非常欢迎外国人的，给了每个人很大的空间，大家能够自由发表自己的意见。此外，我也体验到激励学生发挥潜能的文化，我对此感觉良好。在这种情况下，当我被归为"异类"时，就产生了一种饥饿感——我第一次感觉到自己对胜利的渴望，我需要证明自己。

我当时的渴望是：我要离开 ESL 班！因为我说的英语和白人学生没有什么不同，我也是一个和他们一样正常的学生。我不想被歧视，我不想被定义。

我大概用了 6 个月的时间，通过各种手段提高英语能力，包括阅读《圣经》。当时我每天大概读两个小时《圣经》，老师会帮我矫正读英语的方法和口语。尽管我在香港时就学习了英语，但跟英语母语者相比，确实还有不少可以提高的地方。老师推荐给我的是詹姆士国王钦定版《圣经》，并要求我好好保留它。老师当时跟我说，如果你想说最正统的英语，你就要读詹姆士国王钦定版《圣经》。

我毅然开始了读《圣经》学英语的生涯，满心希望能尽快上"正常"的课。由于不想被人觉得"奇怪""与众不同"，我的英语成绩提高迅速，只用半年的时间就跳进了"正常"的班级，开始和白人学生一起学习。

我当时是第一个跳进"正常"班级的少数族裔学生，感觉好极了，因为自己终于被当作一个"正常"的学生了！或许对外国人来说，这是一件再寻常不过的事，但对我来说，这可是一个突破。在一个白人社会，我感到自己击败了歧视，第一次获得了胜利。

- 4 -

我九年级时，我的父母从香港来到温哥华。他们告诉我，温哥华有不错的私立学校，师资比较好，不如考虑一下私立学校。当时温哥华有两所比较有名的私立学校，但我的考试成绩不算很好，面试表现也不佳，最后进的是一所相对没那么好的私立高中男校。

我开始感觉到，原来温哥华也有不错的学校。在此前的学校时，由于好学生和差学生都在一起上学，所以我没有感受到差距，只求拿到平均分就行了。但在这里，平均分可就行不通了。

这所高中的一个特色是橄榄球。我当然不适合打橄榄球，就选择去打网球，功课也没落下。由于受到学校学习氛围的影响，我想什么都要做得很好，高中三年都名列全年级第一。除了年级第一名，我的平均分还超过了 100 分。因为学校会给一些学生发放"奖励分"，所以我的毕业分数在 102 分上下。

由于成绩好，高中三年我一直能拿到奖学金。现在回想起来，正是刚来加拿大时产生的不愿被区别对待的心情，让我在学业中不断进取，有时甚至感觉自己有代表中国人的使命感，这进一步激发了我的饥饿感，开始不断渴望胜利。

那个时候，我们学校每个学期都会张榜公示排名前十的学生。每次一进学校大门，就能看到前十名学生的名字，以及他们的单科成绩、平均分和排名。我会特别关注排名第二、第三的学生，以确保自己保持领先。

我在高中第一个学期考了第一名，然后就告诉自己，我一定要保持第一名。我产生了强烈的竞争感，这种感觉比我父母说 100 句、1000 句都管用。在这种氛围下，我对胜利充满渴望，没有一个学期不是第一名，这样的感觉很好。

当然，加拿大的教育还算均衡，除了每个学期公示成绩，其他时候不会特别公布排名。除了学期末会颁发一个奖，也没什么特别的比较机会了。这种均衡其实很好，我个人被激发出了很强的动力，但学生之间也不会产生过度竞争的紧张感。

这样的心路历程让我意识到，教育孩子可不是一件容易的事，只有让他产生某种使命感，才能激发他的动力。在那个时候，父母跟孩子说什么都没有太大的意义，孩子不会太听他们的话。比如，我的父母是典型的中产阶层人士，他们认为学习很重要，从小到大对我的学业也很重视，会提各种各样的要求。但老实说，在 15 岁之前，在感受到对的氛围之前，我对父母的教育无动于衷。

所以说，只有对的文化、对的环境、对的气氛才能激励孩子产生对胜利的渴望，自然而然地去追求卓越，拒绝平庸。像我就是在这个过程中形成了强大的自驱力，父母的作用反而有限。在我初尝胜利的滋味后，这种饥饿感让我停不下来，我必须持续追求赢的感觉。

- 5 -

　　高中阶段，在对胜利的渴望的驱动下，我又对大学生涯产生了新的期待。

　　在我上学的那个年代，能够从温哥华去美国读大学的学生只有极少数，大部分还不错的学生在高中毕业后会进入 UBC（不列颠哥伦比亚大学）——温哥华地区最好的大学。当时的高中生和家长们普遍觉得，能进 UBC 就非常满意了。但当时的我可不是这么想的，我觉得一定要具备全球化视野，不能局限在加拿大，要瞄准全球最好的学校。UBC 虽然也是非常出色的大学，但我还是想去美国开拓我的视野。

　　你可能会问：小小年纪的你，能有多大的全球化视野呢？这可能要归功于我的阅读吧。

　　我在中学的时候，受到英语老师的引导，常常会读《时代》周刊和《经济学人》。这两本都是顶级英文刊物，涵盖时事政治、经济分析和全球战略。在《时代》周刊和《经济学人》中，我看到的是美苏冷战、里根经济学和撒切尔主义等宏大命题，由此形成了非常强烈的全球观。

　　我通过阅读了解到，这个世界非常广阔，不是只有加拿大。要想接触全世界最优秀的学生，我必须不断提高自己的竞争力。那个时候我就已经知道，当时最好的大学应该是在美国和英国（当然，在今天看来，中国也有世界级的大学）。

我的不少同学可能不认同我的看法。在加拿大，人们的生活普遍安逸，对生活的要求和期望都不是特别高，我的朋友们好像觉得轻轻松松就能找份很不错的工作，轻轻松松就能过上很舒服的生活，有房有车，用现在的话来说，就是过上小确幸的生活。

我能理解当时许多年轻朋友的人生态度，但那不是我想要的，我不喜欢那种生活。我当时已经充满了那种想要赢的感觉，觉得不能虚度光阴，那样就等于是在浪费生命。所以那个时候，我非常想离开那种环境。我觉得温哥华可能只适合退休生活，但我可不想一毕业就退休，我想挑战自我，所以我一定要冲去美国。

- 6 -

要考美国大学，就得准备考 SAT。我先考了 PSAT（初级学业能力倾向测验，即 SAT 的预考）。PSAT 分为数学和英语两部分。我英语考了 13 分，相当于 100 个人中有 87 个人的成绩比我好，这可是远远低于平均分的水平，带给我很大的挫败感，我崩溃了。

落后那么多，这可怎么办？这样下去，我是无法进入美国的好大学的，我不能接受这种情况。在十年级（相当于中国内地的高一）后的那个暑假，我想不到其他办法，只能用最笨的办法（背词典）来进一步提高自己的英语能力。因为我知道，我的弱点在于英语是我的第二语言，我没有足够的词汇量。为了解决这个问题，我应该直奔核心，增加词汇量。还有什么做法比背词典更能增加词汇量的呢？

在参加考试前的那个夏天，我把暑假的两个月按照 60 天分解为 60 个背词典环节，在每个环节，我都会学习 40 个单词。也就是说，到夏天结束时，我学习了近 2 500 个新单词。当然，并不仅仅是学会这些单词的拼法和含义，更重要的是懂得它们的应用场景。

背词典听起来确实很疯狂，一些朋友也觉得我很奇怪——好好的暑假不过，跑去做这样一个书呆子。但在 60 个背词典环节的任务分解下，难度似乎并没有听起来那么高，我也没有同学们想象的那么疯狂——只是每半天学习 20 个单词，这样听起来，我还算正常人。当然，这还是很需要毅力的，我记录自己从上午 9 点到下午 6 点中的每个小时学了多少个单词，后一个小时就去复习，就这样坚持了 60 天。我并不是真的在背整本词典，词典里可是有几十万个单词啊。我背的更像是一本精选集，从 A 到 Z，选了 2 500 个相对常用的单词，逐个攻克，直到把它们变成自己的单词。

不少人可能会对背词典的方法感到不可思议，其实只要坚持下来，就会发现它既可行又有效，特别是对 SAT 这样的考试而言，它能直接解决最大的难点——生词。

正是背词典的这段经历，给我带来了根本性的改变。在日复一日的苦苦背诵中，我产生了一种特别的感觉，感觉自己什么事情都可以做到。这 60 天，让我不仅收获了 2 500 个单词，而且收获了一种坚持的精神。到今天为止，我还会时常想起 16 岁的那个暑假，那是我一辈子不会忘记的"勇气时刻"，在后来的人生中，我时常参考这个勇气时刻，它对我有很大的影响。

就这样，我抱着必赢的心态，靠着背词典的蛮力，完成了 60 天的学习。大约一个月后，我参加了 PSAT 考试，英语成绩达到了 94 分。在那个年代，对一个以英语为第二语言的中国香港人来说，这已经算是很好的成绩了。

我还记得那个时候的感觉，那是一种赢的感觉。我靠着背词典，再加上当年读《圣经》打下的基础，英语成绩甚至胜过了许多白人学生。在参加 PSAT 考试的时候，我已经无所畏惧，最终英语成绩竟然比数学成绩还好。

英语比数学考得好这件事，让我在华人圈子里独树一帜——我可能是唯一一个数学考试分数低于英语考试分数的华人。许多人问我：你怎么可能英语比数学还好？

我想，当时的我已经突破了某种对华人的刻板印象了吧！这又是一种胜利的感觉。我越来越渴望胜利。

- 7 -

由于我在高中阶段成绩一直不错，连续三年都是全年级第一，后来有两所美国大学邀请我参加面试，一所是耶鲁大学，另一所则是沃顿商学院。

我当时就跑去和我的辅导员商量，说我想读全球最好的商科，学习金融和商业，询问他我应该选择哪所学校。

辅导员告诉我，最好的商学院是沃顿商学院。他告诉我，如果我真的想读最好的商科，就要考进沃顿商学院。但辅导员之前没有一个学生曾从温哥华考去美国，他本人也不是特别了解美国的情况，还把沃顿商学院的背景弄错了，告诉我沃顿商学院隶属普林斯顿大学（其实是宾夕法尼亚大学）。

辅导员鼓励我给普斯林顿大学校方写信，以索取沃顿商学院的申请表格，我照做了。普林斯顿大学校方明显感觉有点介意，回复我说，沃顿商学院属于宾夕法尼亚大学，如果你要考的是沃顿商学院，那就跟我们没关系了。他们还告诉我，普林斯顿大学是非常好的学校，如果我想考普林斯顿大学，申请表格已附上。

这段小插曲说明，从温哥华考去美国的学生真的不太多，不少教育工作者对美国的高校体系也不了解。

但渴望进入全球殿堂的我，早已执意进军美国。我不仅报考了耶鲁大学和沃顿商学院，还报考了哈佛大学。哈佛大学当时没有给我机会，耶鲁大学向我发出了面试邀请，沃顿商学院则是在考完试后录取了我。至于耶鲁大学的那次机会，他们向温哥华的两个人发出了面试邀请，一个是我，另一个是加拿大本地一名很优秀的学生。耶鲁大学希望选择一名在运动和学术方面都突出的学生，而那位同学在划艇运动方面很擅长，最后耶鲁大学选择了他而不是我。最后我进入了沃顿商学院，成为我就读的那所温哥华高中史上第一个进入沃顿商学院的毕业生。进入沃顿商学院后，我获得了两个奖学金，其中一个是约瑟夫·沃顿学者项目，我是有史以来获得该奖学金的第一位中国香港学生，这意味着我在沃顿商学院的新生中排名前 10%。

沃顿商学院所在的费城，对我来说非常陌生。能在那里开始我的大学生活，我欣喜若狂，但很多生活在加拿大的人并不了解沃顿商学院的地位。当我告诉父母、爷爷我要去美国的费城读宾夕法尼亚大学沃顿商学院时，他们非常惊讶。

家人问我：你为什么要跑去美国？ UBC 不是很好吗？虽然大家也知道美国不错，但现实的问题是，即便我拿到了一些奖学金，也不足以支付我的学费。当时大学学费就要 3 万美元（现在更是要 7 万~8 万美元了），这可是加拿大大学学费的 10 倍！为此，我对家人做了不少游说工作。我必须说清楚，为什么非要去一个叫沃顿商学院的地方，而不是去学费非常低、加拿大人都认为不错的 UBC。

那时候的我，确实需要点独立思考的能力和主见，才能说服家人同意自己前往费城读书。不过，回想我的整个中学生涯，一直充满着各种各样的坚持，那次也不例外。

所幸，现在看来，我当时的决定是正确的。UBC 固然很好，但沃顿商学院意味着另一个截然不同的世界。

沃顿商学院的优势，在于它的全球品牌能吸引到全球最优秀的学生。在这里，许多人目标非常明确：毕业后去华尔街工作。

未来的金融和商业大佬在这里共同学习、结下缘分，光是人脉价值，就不可限量了。

此外，能上沃顿商学院的学生，很多都会实现"自我选择"——来这里就是为了从事金融业，想做投资银行家，想进对冲基金公司。因为目标明确，所以职业生涯的轨迹清晰可见，就像上芭蕾舞学校一样，你来这里就是为了日后从事这份职业的。这让沃顿商学院的毕业生与许多上完大学都不知道自己要做什么的人相比，有着巨大的先发优势。

到了费城后，我发现我的同学基本都是全球最优秀的。我在这里认识的很多朋友都让我大开眼界，他们各有各的天赋、个性和目标，似乎生来就是为了获胜的。对渴望胜利的我来说，只有在这样的一种氛围下，才不会觉得虚度光阴，才能确立新的目标。

在宾夕法尼亚州费城，在这个孕育了美国宪法的城市，我与全球最优秀的同学一起学习、互相影响、共同竞争。我不断找到胜利的感觉，也为日后全新的渴望埋下了伏笔。

- 8 -

高中时不甘平凡，执意要考去美国，后来美梦成真。回想起来，这确实不是一件容易的事，除了学习成绩要好，你还得有某种美国大学看重的特质。

美国的大学一直很重视两个方面：一个是你在学校要名列前茅，学分要高，这是基本的要求；另一个是领导力，包括各种各样的领导力，而我恰恰有机会展现这一点。

在十五六岁的时候，我就当上了志愿者，并且成了一个小领袖。我当时有一种使命感，牵头组织了"志愿者和伙伴"项目，希望带动所有温哥华的少数族裔，帮助新来的华人。这个志愿者组织有两三百个成员，既有成年人，也有青少年。我当时牵头做了这个项目，不仅帮助了不少新来的华人，也把少数族裔的力量凝聚起来，让当地白人不再把我们视作弱势群体。我们不仅不需要外界的帮助，还能为社会贡献自己的力量，这也是我牵头成立这个组织的一个初衷。

大家当时看到的是，一个十五六岁的小朋友凭着一股使命感和驱动力，组织那么多少数族裔人士，一起做成了一件有意义的事。如果你想让当地人感觉你真的要融入这个社会，那么你千万不要把自己定义为一个旁观者，唯一的方法是，你要有主人翁意识，要想着自己可以为社会做什么贡献。

从这个角度出发，主流社会就会感觉到，我们真的正在帮助这个社会发展。这样的想法也与我刚来这里时不愿上"与众不同"的 ESL 班一脉相承：我不想被歧视，不想被定义，要证明自己能赢。

当然，牵头组织这个项目，绝非只是为了获得主流社会的认可，它其实还有着很现实的意义。我们这个组织里什么样的人都有，有一些是像我这样十几岁的年轻人，还有一些是刚刚来加拿大的中年人。我们的工作包括去医院探访病人，并为他们送饭，或者组织一些社区活动，还会帮助双职工父母照顾小孩。

这样一段非常特别的经历展现了我少年时的领导力，对我进入沃顿商学院很有帮助。除了学习成绩外，正是这样的领导力表现让我进入沃顿商学院并拿到了约瑟夫·沃顿学者项目的奖学金。

领导力是美国教育非常注重的特质，也是我日后职业生涯的制胜法宝。我在少年时期就表现出这样的领导力，在很大程度上还要归结于对胜利的渴望。我的经历说明，只要身处一个正向的氛围中，任何人都有无限潜能可供发挥。

第 2 章

寻找定位

心得总结　　**✻**　　　　**建立差异性**：沃顿商学院的每个学生都很优秀，我仅仅是 350 个学生中的一员，必须为自己找到定位，建立自己的差异性，才有可能脱颖而出。

　　　　自我定位：作为中国人，作为亚洲人，这是我与大部分沃顿商学院的同学不同的地方。我要利用自己的差异性，推动外界对于中国、亚洲的理解，在这个过程中找到自己独特的价值。人生就是一个不断寻找定位的过程。

　　　　与中国结合：我早早就意识到，和中国的联结将会是我的独特优势。我一直隐隐觉得，未来是属于中国的。无论是我个人的未来还是整个世界的未来，一定和中国密不可分。所以，我需要建立有关中国的能力和人脉。

寻找更大空间：我在美国即便做得再好，也不会有什么特别的成就，也不会感到特别自豪。我希望自己以后能够支持中国的发展，这除了与我的文化认同有关，当然也有现实的考虑——亚洲人在美国工作一定会遇上天花板，趁早建立有关中国的能力和人脉，未来的空间将更为广阔。

长期主义：我们需要从长期的角度看待财富。我个人的财富大部分是最近这 10 年积累的，跟我头 10 年的工资没有任何关系。一毕业就计较工资多少，其实根本没有意义，只要打好基础，未来的财富曲线将会大幅上扬。

- 1 -

沃顿商学院可能是宾夕法尼亚大学最有名的一个学院，其他学院，包括文科、工程和护理学院也有很多出色的学生，但沃顿商学院的人可能是最有冲劲的，他们摩拳擦掌，仿佛已看到了来自华尔街的 offer（录用通知）。当然，沃顿商学院的学生都是百里挑一的。当时的录取率大概是 6%，等于 100 个申请者中只会录取 6 个。沃顿商学院每年会收大约 350 个学生，包括我在内的 35 人拿到了约瑟夫·沃顿学者项目的奖学金。

我很兴奋，对一切都充满了好奇，但一开始令我印象最深刻的是费城糟糕的治安环境。费城那个时候的治安差到什么程度呢？我参加沃顿商学院迎新会时，他们送了我一瓶防卫喷雾。这是我对费城的第一印象：一个 18 岁的男生，开学第一件事就是获得了一瓶防卫喷雾。我一开始还搞不清喷雾的用途，问了别人才知道，如果被攻击了，可以用这个东西保护自己。回想起温哥华的宁静，这真是让人哭笑不得的事。大学校园附近几乎每 100 米就有一个电话亭：你只要拿起电话，就能直接联系警察局。看到这样的阵仗，我都不知道自己应该觉得安全还是危险。

当然，费城的治安问题显然无法阻挡我对大学生活的向往。来到沃顿商学院，和未来的全球商界领袖一起竞争，我踌躇满志。

和沃顿商学院的学生接触下来，我可以很明显地感觉到：这里几乎每个人都想去华尔街。因为选择了沃顿商学院，就代表了职业生涯要走金融方向，这几乎是一个思维定式。所以我很快发现，自己跻身一群非常专注于金融的顶尖学生之中，这个环境意味着竞争超级激烈，每个人都是从全球筛选出来的精英，仿佛生来就是为了进华尔街最好的投行，赚大笔大笔的美元。

这些学生中，70%~80% 都是男生，一些人从十一二岁就开始炒股票了。他们钻研资本市场，充满着狂热，渴望着事业上的成功。那个时候的校园里已经有好几台用于炒股的电脑。要知道，那时还是 1992 年，校园里竟然有这么多用于炒股的机器，真是不可思议。

就是这样一种气氛——强烈的金融、华尔街气息，让人感觉不敢停下来，仿佛一停下来，就要被人远远甩开了。

在这种氛围中，一代代未来的华尔街大佬从沃顿商学院毕业。我们现在耳熟能详的许多商界领袖，包括巴菲特和马斯克，都毕业于沃顿商学院。

除了充满竞争性的学生，沃顿商学院还有充满竞争性的机制——它对于分数的要求不是绝对的，而是相对的。不是考到90分以上就能拿到A，而是班级中排名前10%的学生才能拿到A。这意味着，有时即便你考了98分，拿到的也可能只是B。这样的机制是要让学生明白，你的出色是要在竞争中体现出来的。这也是华尔街的黄金准则之一。

在这样激烈的竞争氛围中，学生们对每一门课程都要拼尽全力，才能不被落下。沃顿商学院似乎就是要逼你，逼你去习惯这种环境，让你明白：你的竞争对手做得多好，就代表你可以做得多好。

这就是我在美国尤其是在沃顿商学院体验到的教学方法，仿佛就是为了华尔街的接班人们量身定制的。这和日后我去欧洲体验到的方法非常不同，基本可以说是两个世界。

竞争是沃顿商学院非常显著的特点，但在这样近乎疯狂的环境中，我很快产生了焦虑感：难道人人都要朝着华尔街一路狂奔吗？如何才能在一群竞争狂人中脱颖而出？

我想，我必须建立自己的差异化。

- 2 -

进入沃顿商学院以后，我很快面临着一个迫切的问题：作为一个华人，如何才能突出自己，让自己与众不同？

在这里的每个人似乎都想去高盛、摩根士丹利，那我也跟他们一样吗？这里有 350 个非常出色的家伙，我只是其中之一，我的价值在哪里呢？

为了建立自己的差异化，我组织了沃顿商学院中国峰会。那是在 1994—1995 年，基本上算是美国东海岸的第一个中国峰会。那时的中国经济体量还不像现在这么庞大，中国的国际影响力也相对有限，并没有很多人关注中国。但我当时就想好了，我要把中国带进美国，我要让美国人了解中国。我当时就隐隐觉得，中国有朝一日会变得很强大。事实证明，我还是有一点远见的。

为了组织中国峰会，我给不少商界的重要人物写信，邀请他们前来参会。我有幸邀请到了一位来自中国香港的重要开发商。当时香港湾仔的很多地产都是他们公司开发的，他们还参与修建了中国的多条高速公路，所以这家地产公司的副主席对中国有着直观的理解。我邀请他来，主要目的就是让他分享中国的发展经验等。

围绕中国和亚洲元素，我还做了许多尝试。我建立了沃顿商学院亚洲协会，并出任协会主席。和打造沃顿商学院中国峰会的理念类似，作为一个亚洲人，我希望外国学生能够开始了解亚洲。我要改变他们潜意识中的自我中心，让他们接受并吸收不同的文化。

要知道，当时的美国还是非常自我中心的，许多人对于世界其他地区缺乏基本的了解。在这种情况下，作为中国人，作为亚洲人，我利用自己的差异化，开始推动外界对于中国、亚洲的理解，从中找到了自己的独特价值。当时不少学生都对我们办的活动很感兴趣，我觉得我成功了。

在办这些活动的过程中，我深刻体验到，人必须为自己找到定位。我不仅仅是 350 个学生中的一员，也不仅仅是 35 个奖学金获得者中的一员，我就是我，独一无二的我。

从安逸的温哥华来到这里，我的感觉是，自己一直在向前冲：获得好分数，拿到好名次，考进好大学。但进入大学后，我发现成绩优秀的人实在太多了，每个人都很厉害，自己很难脱颖而出。只有通过差异化，我才能再度获得胜利的感觉。如果只有我能做好某件事，则意味着我具备独特的价值，那么我就能取得突破。

整个本科四年里，我一直在寻找差异化的机会，其实这跟人生一样，就是不断寻找定位的过程，不断寻找自己可以带来哪些价值。回想那个在沃顿商学院组织中国峰会、建立亚洲协会的毛头小子，他的所作所为就是在定位自己：只有知道自己是谁，才知道自己该做什么、能做什么。

如果这样的差异化同时能为学校和社会带来一点正面的影响，那就更完美了。在沃顿商学院组织中国峰会和建立亚洲协会，一直是令我自豪的经历。

- 3 -

我早早就意识到，和中国的联结将会是我的独特优势。

其实，在我的沃顿商学院生涯中，也就是 20 世纪 90 年代初，很少有人能够预见到中国的崛起。尽管中国是个大国，但当时的经济影响力相对有限，资本市场也不发达，很少有身在美国的学生会特别关注中国，更别说那些满脑子都是华尔街的沃顿商学院学生了。

但不知道为什么，我一直隐隐觉得，未来是属于中国的。无论是我个人的未来还是整个世界的未来，一定和中国密不可分。我不想假装自己是先知，也不能说自己当时就预见到了中国崛起，但我就是能感觉到，一定会有什么事情发生。基于寻找差异性的选择，我把自己的定位与中国牢牢结合起来。

当时所谓差异性的思考，其实很简单：我作为亚洲人，在美国即便做得再好，也不会有什么特别的成就，也不会感到特别自豪，就像在支持一个不属于我的国家。如果世界的未来与中国密不可分，而我又是中国人，那么我一定能够通过与中国的联结找到自己独特的定位，最终创造自己独特的价值。

我希望自己以后能够支持中国的发展，除了与我的文化认同有关，当然也有现实的考虑。我觉得自己作为一个亚洲人，在美国工作一定会遇上天花板，特别是职场升迁过程中的"玻璃天花板"——总有什么类似潜规则的东西会阻止你进步。

作为中国人，只有选择中国，才最有可能取得成功。接近中国，这就是我的选择。事实证明，我的选择是正确的。

我这样的想法与沃顿商学院的其他学生形成了鲜明对比。我至今还记得，我的同学满脑子都是华尔街，似乎每个人唯一关心的是，如何能在毕业时拿到超过三个投行的 offer——这是那个年代的沃顿商学院毕业生的平均水平。到了暑假，所有学生唯一想的就是要去哪个投行实习，以便拿到更好的 offer，还要拿到比平均水平更高的工资。仿佛只有这样，他们才会觉得自己成功毕业了。这是许多沃顿商学院学生的想法，我非常不认同。当时的我感觉我的背景意味着我需要走出一条有差异性的人生道路。我当时想，自己不过 20 岁，不需要那么快就选择去华尔街拿 offer，投行不应该是我的唯一选择。

相反，我需要把自己的基础打好，把自己的视野拓宽，只有这样才能厚积薄发。如果年纪轻轻就钻入金融世界，整日关心的只是华尔街的功名利禄，我担心自己以后的人生视野比较窄。哪怕有朝一日最终仍会回到华尔街，我也希望在这之前，我已经见识过不一样的世界。当然，这只是我个人当时的想法。我那些一开始就进入华尔街投行的同学，不少现在也成了知名的银行家。

但对当时的我来说，把自己的定位与中国结合起来，也有一些技术上的挑战。比方说，我在香港读书时，都是以英语为主的，更别说后来在加拿大和美国的经历了。所以我想到，自己身为中国人，首先要把中文练好。所以，我得去北京学习中文。

老实说，我的中文不好，去北京学习，肯定也有不少障碍。

但是我想，人要找到自己的定位，必须离开自己的舒适区，去做一些让自己不舒服的事情。如果这点拼劲都没有，永远待在舒适区，最终只会一事无成。

没有太多犹豫，我毅然选择前往北京大学。作为交换生，我将开启一段全新的旅程。那是一段令人印象深刻的旅程，我非常享受那段时光，也在那个过程中充分建立了自己的差异性。

- 4 -

1993—1994 年，年轻的我前往北京这座千年古都，开始了为期 9 个月的交换生之旅。

我还记得，那时候的北京可不像现在这样，到处都是自行车，自行车比汽车多。当时我花 30 元买了一辆二手自行车，用了 9 个月。我从北京大学可以骑自行车去天安门，大概需要一个多小时，挺远的。我到现在都忘不了北京遍地自行车的画面，这同温哥华和费城大不一样。

作为外国来的学生，我们当时被安排住在专门的宿舍，那里住着来自全球各地的学生，俨然一个小联合国。当时从美国来的学生有十几个，其中一个就是后来担任纽约证券交易所执行副主席的刘文思，她跟我一样，是从宾夕法尼亚大学过去的。

刘文思出生于中国香港，两岁就移民去美国了，基本上就是一个地道的美国人。她比我高一个年级，我们因北京大学相识，又共同拥有宾夕法尼亚大学的背景，因此很快成了好朋友，一起在北京度过了9个月的快乐时光。

那个时候，北京大学的本地学生也跟我们有过不少交流。因为我想学习中文，他们想学习英语，所以自然有了沟通的动力。考虑到这种需求的存在，北京大学帮我们进行了配对。

我跟北京大学的学生进行了好几次交流，每次一两个小时。我会拿一些外国的杂志，跟我的搭档聊全球时事，然后他会读英语给我听，我来帮他纠正发音。他也会拿来一些中国的报纸，由我读给他听，然后他来帮助我提高普通话水平。

此外，交换的过程中我也找到了实习的机会：我在美国商会做了9个月的实习生。

其实在那个时候，我也有一些不太习惯的地方，比如我住的地方没有浴室，需要前往公共浴室洗澡。但这些都不是什么大问题，我非常享受在北京大学的岁月，非常喜欢在北京的生活。

9个月里，因为刚好我的住处旁边有一个网球场，所以我常常打网球，上午上完课，下午能打四五个小时网球。我还参加了北京大学的一些网球比赛，尽管输了，但参与比赛的感觉很棒。虽然我不是正式的北京大学学生，只是一个交换生，但我感觉自己体验到了北京尤其是北京大学的校园生活，这是一种很不一样的经历。

很多人无法想象，像我这样一个来自美国大学的学生，或者说是这样一个生长在中国香港的学生，能够有机会这么早地去了解北京。但对我来说这并不奇怪，因为我是在建立自己的差异性，寻找自己的独特定位。

我感觉我所有的同学都没有想过去中国，更不用说去中国学习了。那时的中国对许多美国人来说既神秘又陌生，而对沃顿商学院的学生来说，"浪费" 9 个月的宝贵时光前去北京大学，更是难以想象。但我做到了，而且我非常高兴，我觉得自己有了定位。

9 个月后，我离开北京回到费城，办了一本名叫《护照》的杂志。顾名思义，我要让美国学生们 "开眼看世界"，我也要对外彰显我的独特性。

- 5 -

办《护照》这本杂志的目的，是希望向宾夕法尼亚大学的学生介绍全球的情况，帮助他们开拓视野，不要过分自我中心。

当时的美国一片繁荣，人人都想着如何在毕业后进入职场快车道，然后在各自的领域尽快功成名就，很少有人会注意到世界其他地方正在发生什么，有什么奇闻逸事，又或者有什么不一样的机会。要知道，当时从美国学校交换出去的学生很少，大多是其他国家的学生来美国。美国的优越感很强。

　　从北京归来的我，觉得人们不应该如此狭隘。我希望宣扬的理念是，美国学生也应该向其他国家学习，特别是应该吸收全球不一样的文化。所以我办了这本杂志，并担任主编。

　　在我的主编下，这本杂志主要刊登宾夕法尼亚大学那些去全球其他地方交流的学生的感受。他们会在杂志上分享自己的经历和经验教训。像我一样，那些有过全球交换经验的学生往往会对这个世界多一份感悟。我认为，这种在不同国家的不同体验将对读者有所启发。

　　特别是那些前往与西方世界截然不同的地区的学生，他们的经历非常有价值。比如，有些学生去的是东欧，那时东欧刚刚经历了历史性的政治、经济变革。还有像我这样的学生，去的是中国，这是一个古老、神秘却又拥有巨大潜力的国家。

　　作为主编，我要求我的作者各自写下他们的经历，把他们的经验和感悟与读者分享，让读者了解不一样的世界。做这样的事情，一直是我的兴趣。我在沃顿商学院就读期间，一直在寻找自己独特的定位，而办这本杂志正是我强化个人定位、寻找全新价值的一次尝试。

　　办这本杂志，是沃顿商学院时期的我实践差异化的重要一步。但在强化个人定位的过程中，我还面临着一个非常紧迫的问题：毕业后将何去何从？在我的内心深处，我真的不想在离开沃顿商学院后马上进入投行，整天西装革履地和美元打交道。

　　年轻的我有这样一种认知：要想了解这个世界，最基础的就是要懂金融和法律。这是最基础的两方面，也是每个人日后职业发展的重要依托。如果不打好基础，未来的发展空间将会受到限制。我当时对金融已经有了一定的了解，那么未来或许应该钻研法律。

我一直在想去哪所学校读法律最好，当时的选项有牛津大学、哈佛大学、耶鲁大学，但我还想到了一个问题：如果未来要回中国香港的话，可能去拿个英国的法律学位比较有用，毕竟中国香港当时还在英国治下，还在用英国的普通法，许多法律和惯例也直接承袭自英国。此外，选择去英国进修，也能让自己变得更具差异性。综合考虑之下，我选择了牛津大学。

在沃顿商学院的最后一年，我就开始准备考牛津大学，而非像大多数同学那样谋划着进军华尔街的"宏伟大业"。当时，确实有不少朋友对我的选择感到惊讶，他们问我：为什么不先去投行试试，再考虑其他选项？为什么要去留学读法律？

面对这些质疑，我再一次表现了自己的坚持，就像当年在温哥华的坚持一样。那次的我执意要去美国，这次的我坚持要去英国。我告诉朋友们，我觉得华尔街的投行什么时候都可以去（事实上多年后的我还是去了华尔街），但学业不是随时都可以继续的。难道你会到了 30 岁再回学校读法律吗？

最终，我再次做出了令许多人不解的选择——离开美国，前往英国这个现代工业文明的发源地。我将在牛津大学接受文化和哲学上的洗礼，进一步理解这个世界是如何运作的。

- 6 -

当然，话说回来，我选择远赴英国读法律，是基于强化个人的差异性、为日后发展打好基础等多方面的考虑。没有选择本科毕业就去华尔街，是想让自己走上稍微有些不同的道路，并没有小瞧其他同学的意思。

事实上，那些选择去华尔街的同学都很优秀，他们对目标的坚持也很令人钦佩。正是因为这些同学都太优秀了，所以我清楚地知道，如果自己不做点独特的事情，很难脱颖而出。所以，我也要感谢他们，是他们让我意识到了定位的重要性，让我在强化差异性的过程中进一步找到了自己的价值。

除了同学都很优秀，美国的高等教育确实有其独到之处。让我感受最深的，就是四年本科生涯是非常开放的，基本上只要修完足够的学分，你就可以毕业了。无论是在学分的分布上，还是在课程的选择上，都不会有人对你横加干涉，自由度非常高。

在这种情况下，即便你只是一个18岁的小男孩，你也要开始学会对自己的选择负责，为自己承担责任。你要把自己定位清楚，学校不会告诉你怎样毕业，你自己要想清楚。因此，同学们都会清楚自己想要什么，老师只是个引导者，自己才是自己的主人。

在沃顿商学院的求学生涯，除了让我锻炼了独立自主的能力，也为我提供了很多全新的视角，比如房地产开发视角。我还记得自己在毕业前参加了学校的一个比赛，这是一个虚拟的房地产开发比赛，需要在全球寻找一个地方，为这个地方的房地产开发前景写一份报告，并预测它的发展空间。

当时，我和三个朋友一起做了一些研究，最终认为新加坡拥有增长潜力，就选择了新加坡的一块地皮。那是在 1995 年前后，那块地皮上只有两栋大楼，并没有什么特别之处。但我认为，这块地皮一定会有很好的发展，未来很有潜力。当时的这份报告我到现在还保存着。如今这块地皮正是鼎鼎大名的新加坡滨海湾之所在。当时我们做的这份报告竟然预见到了亚洲金融中心的发展前景，说来也是好玩。我现在还会开玩笑说，如果我们当时真的投资了这块地皮，我们就已经赚到很多钱了，可惜我们只是虚拟地炒了这块地皮。

尽管没有赚到钱，但这份报告还是为我们赢得了沃顿商学院的奖项。这是一次很有意思的经历，不仅令人回味无穷，而且充分反映了沃顿商学院的教育理念：在开放、自由中引导学生做出选择。

我相信，这样的教育理念对于培养商业决策能力颇有助益。事实上，我的不少沃顿商学院同学后来在商业上都有所建树。

比如著名的风险投资人单伟建在他的新书《金钱博弈》①中多次提到的一位工作伙伴潘德邦，就是我在沃顿商学院的同学。我和潘德邦，从沃顿商学院起就是好兄弟。他 28 岁时就出任了所罗门兄弟公司的资深高管，后来被单伟建挖去了 TPG（德州太平洋集团）。亚洲金融危机时，他们进军韩国，用了一年时间就把韩国

---

① 该书已由中信出版社出版，讲述的正是下文提到的收购韩国第一银行之事。——编者注

第一银行买了下来，那是当时亚洲最大的一桩并购。

潘德邦也有一些好玩的事情。我俩是在同一年进的沃顿商学院，他当时的室友后来成为美国参议员。他很爱干净，但这个外国人不太讲究。还记得我去他房间的时候看到那个外国人吃的比萨满地都是，两周都不清理，潘德邦可是受够了。

除了潘德邦，以及前面提到过的刘文思，还有一个沃顿商学院的同学跟我关系不错，他的父亲还是阿拉斯加的首富。后来我在诺亚工作时就发行过他们公司的产品。

总而言之，我在沃顿商学院的不少同学后来都与我存在着不少交集，他们各自以不同的方式不断出现在我的人生中。

从这个意义上来说，我很感谢沃顿商学院。

- 7 -

如果让我总结沃顿商学院生涯带给我的影响，我想大概有三个方面。

第一个方面，就是让我意识到竞争的残酷。我开始明白，要想在一个竞争激烈的环境中名列前茅，就要找到自己的定位，避免泯然于众人之中。

当然，即便身处世界上最激烈的竞争环境中，你也不能为达目的不择手段。我们需要选择成为好人，而不是成为坏人。比如，在当时的极端压力下，有些人会在考试时作弊，事发后被开除，这反映出人类爱走捷径的本性。但作为心怀梦想的学生，我们必须坚持自己的原则，既要在竞争中生存，又不能迷失初心。

我提到过，在沃顿商学院只有排名前 10% 的学生才能拿到 A，这是一种筛选机制，旨在逼着你每一门课程都要拼命，都要击败竞争者，以充分培养你的饥饿感。这种竞争压力会逼着人不断向前，仿佛没有终点。你说好也罢，不好也罢，它确实激发出了每个个体的最大潜能。这是一种与华尔街的文化相适应的教育机制，它让你提早明白了商业世界的残酷。

第二个方面，就是让我开始真正了解这个世界。因为我来自温哥华的中学，我看到的世界还不够广阔，所以到了沃顿商学院之后，我瞬间意识到了自己的渺小。我曾在温哥华感觉良好，但在我看到来自世界各地的牛人后，我的视野被迅速拓宽了，不仅变得更为国际化，而且变得更为谦虚。

我终于明白什么叫作山外有山。我告诉自己，千万不要自以为是，不要把自己看得太牛，因为还有比你更牛的人，他不仅比你谦虚，还比你努力。意识到这一点后，我放下了幼稚的自满，努力去适应外界的竞争，并一步步找到自己的差异化定位。

第三个方面，就是人要有自己的独特性。我一直感到骄傲的是，我是一个中国人，我需要找到真正的自我，甚至要让美国学习中国，不要那么自我中心。在沃顿商学院的经历既让我在个人层面变得谦虚，又让我在集体层面变得自豪——我要组织中国峰会、建立亚洲协会，我要自豪地告诉美国人我的定位，让他们"开眼看世界"，学习不同文化的优点。

这种对于差异性的追求，不是在书本中学到的，而是在人生经历和思考中习得的。这是沃顿商学院带给我的又一个重要影响。

- 8 -

当然，沃顿商学院也给我的日常生活带来了持久的影响。

比如，对于睡觉这件事，我就有不少看法。像我自己每天基本都是凌晨三四点睡，早上九十点起床工作，睡眠时间很短。但我非常享受这种状态，因为我有满满的一天，可以做很多事，这是我喜欢的一种生活方式，让我感觉很棒。

从进入沃顿商学院后，一直到现在，我的睡眠时间都不太多。因为我感觉，只要找到一些值得让你兴奋的东西，起床根本不难。在我看来，有些人工作好几年后早上不想起床，其实根本不是因为累，而是因为对当天没有期待。如果你对当天充满期待，不管多累你都会起床的。这大概是很多人睡懒觉的一个根本原因吧。

在沃顿商学院四年的大学生活为我的职业生涯奠定了一个很好的基础，但也对我的朋友圈造成了持久的改变。比方说，我从那时开始和自己温哥华的中学同学渐行渐远，因为我当时的一个想法是，不想被他们的理念影响，他们实在太安逸了。

我在温哥华的一些朋友反而觉得，你何必这么上进呢？其实在温哥华，很轻易就能有个好房子，有辆车，做着一份不错的工作，生活很舒适惬意。我的很多中学同学现在都有一份安稳的工作，住着大房子，呼吸着新鲜空气，早上八九点上班，下午五点下班，他们应该也很快乐。

这其实不是谁对谁错的问题，只是各自对于人生的选择不同罢了。但对我来说，我是希望不断向前的，所以我似乎有点刻意疏远了中学同学，避免自己提早进入"半退休状态"。

不过，我现在还在社交媒体上跟我的中学同学有一些联系，看到他们对自己的生活满足，我也祝福他们，毕竟每个人都有各自的发展路径，幸福与否才是最重要的衡量标准。但由于人生轨迹的不同，我们现在不是那种每天都会交流的朋友，这跟我和我在沃顿商学院认识的朋友之间的关系是不一样的。

用现在的话来说，当时的我就是希望走出舒适区，要让自己不舒服，因为舒服不会让人成长。从我的人生追求来看，这样的选择是正确的，而沃顿商学院在其中发挥了非常正向的激励作用。特别是，它让我在和全世界牛人的竞争中获得了巨大的成长。

你可以想象，如果围绕在你身边的人个个都比你厉害，那么你肯定也会进步，对吧？有些人永远喜欢和比自己差的人在一起，那就没意思了，因为你从别人身上学不到东西，你只不过自我感觉良好，但不会获得进步。我后来在做职业选择时，也是希望与优秀的人共事，这样我才能从他们身上学到东西。

当然，沃顿商学院生涯也带给了我不少反思。我当时的一个感觉是，自己非常不喜欢投行的人和生活，而我身边的人都想去投行，感觉都是为了钱，都在比较工资高低。当时本科毕业生的平均年薪是 35 000 美元，这是挺不错的收入水平了，但他们还要比较。除了收入高低，有的人还会比较收到 offer 的多寡，这是我非常不喜欢的一种行为，感觉很功利。

现在回过头来看，很多人纯粹是为了钱工作，这其实是不对的。我一直跟毕业生说，你千万不要觉得毕业后头 3~5 年供职的公司跟你有什么关系，你只要找到一个能开拓人脉的平台，工资够生活就好了。

我现在常说，我自己个人的财富大部分是最近这 10 年积累的，跟我头 10 年工作的工资没有任何关系。一毕业就计较工资高低，其实根本没有意义。如果你在 22 岁时因为一家公司能给多 15% 的工资就选择去这家公司，那么你潜在的损失其实是巨大的。

相反，我们需要从长期的角度看待财富。人生的财富曲线是这样的：一开始可能比较平缓，但只要你的基础打得好，日后将会大幅上扬，变得陡峭。如果基础打不好，一开始就贪图多个几千元，那么你的财富曲线就会一直比较平缓，未来顶多有一点点上扬，甚至可能向下走。

所以，刚毕业时千万不能只盯着工资，这是沃顿商学院留给我的一个反思。

第3章

牛津岁月

心得总结　　*　　**建构知识大厦：**在开启职业道路之前，需要建构好自己的知识大厦。只有打好基础，未来职业发展的上限才能更高，否则难免趋于平庸。

理解世界是如何运作的：正是在牛津大学的这些年，使我的思维变得更加敏锐，也使我更加具备了宏观意识。最重要的是，它促使我理解了"世界是如何运作的"。在离开沃顿商学院的岁月里，我了解到这个世界除了投行、华尔街和阿尔法收益，还有很多别的东西。

思考比知识重要：在当今这个信息时代，通过谷歌和百度可以轻易找到各种知识，但是思考方式会一直"镶嵌"在个人的职业生涯之中。

重视仪式感：生活、学习和工作中的仪式感，并不是所谓的"做作"，它会让我们更加容易进入状态。这是牛津大学的仪式感带给我的启发。

- 1 -

我在沃顿商学院的时候，一直注意寻找个人定位，希望通过建立差异性实现自己独特的价值。而选择牛津大学，我遵循的也是一样的原则——我需要和沃顿商学院的同学区分开来。我选择了牛津大学，选择了法律，这是一条全新的道路，让我打开了人生的另一扇窗户。

其实，我从小就对法律这门学问有着与众不同的看法。我认为，读法律其实并不是为了当律师，法学是社会中一门非常基础的学问，是个人最基本的知识储备。学习法律，或许有助于我走上与法律相关的职业道路，但更重要的是，它能让我用架构性的思考真正认识这个世界。

在选择学校的过程中，我的内心有两个想法：一个是我一定要考全球最好的法律专业，另一个是我要选择英国的学校。之所以选择英国的学校，是因为我曾打算毕业后回中国香港工作，英国的法律学位在那个时候或许对我的工作有所帮助。

综合考虑这两个想法后，我在大三那年（1995 年）开始申请牛津大学。

牛津大学当时采用的是学院制，与国内按专业划分的学院不同，它拥有一个相对独立的学院系统，类似于某种邦联制。每个学院负责为自己的学生提供基本服务，以及最重要的小班课，这种小班课是牛津大学最具特色的教学模式。我一开始并不了解牛津大学的各个学院，心想随便选择一个在法学院旁边的学院，方便生活和学习就好了，于是选择了圣凯瑟琳学院。圣凯瑟琳学院的创建者是历史学家艾伦·布洛克，他也是该学院首任院长，后来出任牛津大学校长。我后来才发现，这个学院竟然是牛津大学最大的学院。

带着对于英国教学风格的好奇，我开启了全新的研究生生涯，体验到了一段与费城时代截然不同的牛津岁月。

首先令我感到非常好奇的，就是牛津大学的考试制度。它对学生的要求很特别，和美国的大学完全是两个极端。

牛津大学对于学生的入学考察分为几个环节，包括入学考试、学生在本科期间的表现，如学分以及本科期间可以体现领导力的工作。

更特别的是，牛津大学的入学考试并不是考数学和英语，而是就一个很广泛的议题自由思考。当时有一个考试议题是"什么是风险"。这是一个非常开放的命题，你可以从许多不同的角度予以回答，没有标准答案，当然也不需要标准答案。

　　牛津大学需要的，是你能够展示自己的思维能力。至于你的英语或数学有多好，不是入学考试的重点。当然，你在考试中表现出来的思路和文笔，自然能在一定程度上反映你的其他各项能力。

　　关于"什么是风险"，有一个广为流传的故事。当时有个同学告诉我，曾经有一位考生，在回答这道题的时候，只写了一句"这就是风险"。在牛津大学的入学考试上，仅用一句话来答题的行为，真正诠释了"风险"这个词的含义。我可没有这个胆量。那位传说中的考生竟然敢在考卷上只写这么一句话，真是个人才，难怪那么出名。

　　入学考察的最后一步是面试。我与所报考学院的教授进行了一个小时左右的交流。这种与教授互动的方式，也贯穿我在牛津大学的整个学习生涯。

　　当然，入学考察的所有环节中，令我印象最深刻的，始终是入学考试。这样独特的开放式考试，让我意识到英美有着截然不同的教学方法。

　　沃顿商学院的学习充满了竞争，首先通过高强度的教育传授知识，学完后就要去考试，与他人竞争，只有排名前10%才可以拿到A，这让每个人都如饥似渴。

　　而牛津大学是给学生一个议题自由发挥，让人去思考。在这个过程中，不同的观点可能发生碰撞，重要的不是答案，而是思考的过程。这大概就是牛津大学的特点，有点"放养"，但更具启发性。

这两种教学方法无所谓好坏，它们在不同层面提高了我的综合能力，均对我之后的职业发展提供了不可或缺的帮助。

或许有人会问，如果我先在牛津大学开始这段"开放式学习之旅"，随后再去沃顿商学院接受密集的知识性学习，那会有何不同？我想说的是，如果年纪轻轻、缺乏自律的话，那么先去牛津大学"放养"，可能松懈人的意志，最终导致学无所成，而之后再前往沃顿商学院与各路神仙竞争的话，可能就难以适应那种氛围了。

所以，在我看来，沃顿商学院—牛津大学的学习顺序于我而言恰到好处，它们拼齐了我的学业版图，让我同时具备了竞争意识和思考能力，为日后的职业生涯奠定了良好的基础。

- 2 -

我很幸运，在 1996 年年初考进了牛津大学，当年 5 月开始学法律。真正入学后，我才体会到了牛津大学法律专业的更多与众不同之处。

首要的一点是，牛津大学的法律专业不是功能性学科，很多人来学法律并不是为了当律师，而是为了更好地理解这个世界。

其实，人们从不同学校的学科名称就可以窥探出各自法律专业的特点。我读的专业名称是法律哲学。它并非关于法律的应用（如侵权、合同、土地等），而是关于"为什么""框架""理性"的研究。

当时牛津大学的教授告诉我，你来牛津大学不是为了以后当律师，而是为了学习法理，即法律背后的哲学。这倒是很对我的胃口。我离开费城来到牛津，而非像很多同学那样前往华尔街吸金，正是为了避免过分功能性的学习和工作。知识可以随时学习，但思维能力需要趁早培养。

总而言之，我希望在开启职业道路之前建构好自己的知识大厦。只有打好基础，未来职业发展的上限才能更高，否则难免趋于平庸。所以，我当时需要学习的是架构，而非特定的知识。

牛津大学没有让我失望，来到这里，我的眼界大大开阔了。沉浸在这种氛围中，我进行了许多思考，从哲学到政治均有所涉猎，关心的是涉及全人类命运的宏大议题。三年的牛津岁月里，我阅读了许多政治哲学家的著作，深陷对于罗纳德·德沃金、查尔斯·弗瑞德和 J. W. 哈里斯的研究。

我非常享受这种思考性的学习，渴望探索人类社会运作的原理和框架，没有什么能够阻止我对许多哲学和政治议题的追问，我也充分体验到了人类思想碰撞的魅力。

牛津大学的教授则在这个过程中扮演了引导者的角色。事实上，牛津大学最具特色的教学方式，就是小班教学：一般院校最核心的法律教学都在大课课堂中，教授把主题讲完，由助教帮助学生学习；牛津大学则是反过来的，最核心的教学在个别指导课上完成，其间思想碰撞非常激烈。

牛津大学的教育与众不同，在全球享有极高的声誉，其秘密正是这种导师制。所谓导师制，就是在每周例行的大课之外，再给每门课指派一位专属的导师，由他为学生布置阅读书目以及每周的论文题目。学生需要完成一篇 2 000~2 500 字的论文，并在该周的讨论课上（通常是一对一或者一对二）与导师进行深入讨论。

导师制看似学时很少，但实际上对学生的要求很高，没有一定的天赋、思想和努力是很难招架的。为了准备相关讨论，学生需要啃下大部头的专著，或者是顶尖期刊上的学术论文。为了写好每周的论文，学生不仅需要阅读书单中的大量文献，还需要扩展挖掘其他资料，从而训练自己查找文献、快速阅读以及归纳总结的能力。由于论文没有标准答案，学生必须经由独立思考和批判思维形成自己独特的观点，再通过严谨雄辩的论文表达出来，因而必须具备一定的思辨和写作能力。此外，每周的讨论课都像一场小型毕业答辩，学生必须快速应对导师的各种质疑，这就训练了他们的语言表达能力和临场应变能力。

在智力密度如此之高、范围如此之小的学制下，如果你想偷懒，估计很难逃过导师的法眼。对这些各个领域的泰斗级人物来说，只需要几个简单的问题，就能把学生彻底难住，你要想临时抱佛脚或者抄一篇论文了事，根本行不通，甚至可能招致臭脾气教授的训斥。

我好几次看到坐在旁边的男同学被骂哭了。导师经常会说：你有没有想清楚这个议题？你为什么要浪费我的时间？你怎么这么愚钝？面对学术大拿的追问，学生个个如履薄冰，不敢怠慢。

可以想象，在这样高强度的魔鬼式训练下坚持三年，一个人将有多么大的收获和提高，思想的深度将会达到何种程度。

- 3 -

牛津大学采用的这种导师制，在我上学的时候以一对二为主，也就是一个教授对应两个学生。每周，我们完成论文后有三个小时的时间与教授讨论这个议题。

你可以想象，一个普通大学的学生完成论文并与导师一起探讨相关议题应该不难，但对牛津大学的学生来说，这是一项高难度的任务。因为与我们互动的教授有很大的概率就是我们所阅读书目的作者。他研究这个议题可能已经有几十年了，而你只是一个初出茅庐的学生，这种思想碰撞的压力是非常大的。

在这种教学氛围中，你必须做好充分的准备，真正了解相关议题，并且深入思考，触类旁通，才有可能勉强追上教授的思路。如果你只是想简单地写一篇论文，随便上交了事，那么对不起，你是不够格的，或者像我前面提到的那样，会被教授训斥一番。

当然，从时间分配来看，牛津大学的教学模式看起来确实不是很占用时间，每周只跟教授进行三个小时的讨论，其他时间没人管你，就算不去上课也没关系。所以，牛津大学的学生大部分时间不在校园里。

但你真正开始学习后就会发现，这种教学模式对学生的要求很高。因为没有所谓的捷径，学生需要自己思考如何准备每周一次的讨论，并与这个领域的泰斗级人物对话。有时候表面看起来越轻松，实际难度就越大，越是开放式的命题，往往越难以回答，更别说答得让教授满意了。

如今回过头来看，牛津大学的导师制真是越看越有味道，凝聚着人类高等教育的智慧结晶。它的目的就是使学生学会自主思考，而不是向学生传达某些特定的信息，或是灌输某些特定的观点。在小范围的互动中，导师引导学生通过探索、发现、分析、批评和比较来形成自己的观点，并通过写作和辩论来捍卫自己的观点。

有人比较过，比如在思考政治学的问题时，牛津大学的风格与美国的文理学院有很大的差异，最忌讳"一方面如何，另一方面又如何"或者"这也有些道理，那也有些道理"式的面面俱到（这样搞平衡，在牛津大学看来就是和稀泥）。相反，牛津大学追求的是在全面把握一个问题的同时，由一点切入，向下纵深，对一个清晰明确（哪怕有些偏颇）的观点做出雄辩的论证。

总而言之，导师制训练的是思辨过程，而不是如何做到观点平衡。要形成如此强大的思辨能力，除了每周进行大量的阅读和思考外，基本没有捷径可走。你如果想要投机取巧，准被敏锐的教授揪住。

当然，论文没有标准答案，导师也不会干涉学生的观点。导师关注的是学生进行了怎样的理论思考，又是如何组织各种相关证据来支持自己的观点的。任何一种观点，哪怕离经叛道，哪怕失之偏颇，只要论证充分，都有可能被接受，甚至可能得到高分。

从这一点上来说，即便是经典著作，也不是用来顶礼膜拜的，而是用来批判的。在讨论时，只要你逻辑自洽、论证雄辩，与权威、大师都能平起平坐，你的观点也会得到尊重。假以时日，你就会变得越来越自信。这样的开放式教学真有魅力。

除了这种看似轻松，实则要求极高的导师制，牛津大学的考试制度也一脉相承，突显出对思辨能力的注重。在牛津大学三年的法律学习，只有两次考试会被记录在案，一次是在第一年，另一次是在第三年。牛津大学认为，学习不是为了考试，而应该是学生自愿来学习，为了思考而学习。

这种"放养"的理念，看似散漫，其实可能比密集考试的要求还高，特别是对学生的思辨能力要求极高。这样的教学理念真的让我大开眼界，也受用终生。

正是在牛津大学的这些年，使我的思维方法变得更加敏锐，也使我更加具备了宏观意识。最重要的是，它让我真正打开了智慧的天地，促使我理解了"世界是如何运作的"。它带给我的不仅仅是法律知识，更多的是一种全新的视角，这对我以后的工作和生活很有帮助。在离开沃顿商学院的岁月里，我了解到这个世界除了投行、华尔街和阿尔法收益，还有很多别的东西。

- 4 -

牛津大学是一座历经千年风霜、具有深厚历史文化底蕴的象牙塔，这里最年轻的教学楼也有 400 多年的历史。其中，牛津大学新学院有 600 多年的历史，一点都不"新"。牛津大学保留了很多名人的足迹，包括他们去过的地方、读过的书等。走在校园中，不时会有穿越时空的奇妙感觉。

在这里读书，我会有一种强烈的感受，认识到自己只是牛津大学漫长历史中的一小部分。在这样的环境中，伴随着厚重的历史感，人们会不由自主地开始思考"人生是什么"这样的问题。许多对宇宙、人生更为深刻的追问都生发于这里，我想不是没有道理的。

回想自己在沃顿商学院求学期间，更多的是为了学分与工作在忙碌，同学们想着各种 offer、华尔街的金融大鳄等，在这种氛围中，我也积极参与了各种各样的活动。但在牛津大学，我才感受到什么是真正的学习。同学之间的关系非常纯粹，没有太多杂念，学习就是为了有更多的思考，建立理解这个世界的基本框架。

在这样的学习风气下，认真钻研一个议题是一件非常享受的事情。受到牛津大学学术风气的影响，我越来越意识到要把法律哲学这门学科学好，于是花更多的时间用于学习，心无旁骛，没有过多参与课外活动，也基本没有跑去欧洲大陆旅行。

所以，这三年来我算是真正做到了安心学习，有时感觉自己像个学者，没有什么功利心，只是静下心来做学问。直到现在我还会特别怀念那段单纯的岁月，特别是进入职场"拼杀"后，更加珍惜当年的那份平静。

如果说沃顿商学院给我的更多的是专业知识方面的学问，也就是功能性的学问，以及让我知道如何在激烈的竞争中找到赢的方法，那么正是牛津大学教会了我如何追问，以及思考问题的方法。那种频繁的讨论活动会让我不断打破自己原有的思维定式。

我现在的总结是，年青一代应该更加重视锻炼思维方式，而不是只看重"知识"本身。在当今这个信息时代，通过谷歌和百度可以轻易搜索到各种知识，但是思维方式会一直"镶嵌"在个人的职业生涯之中。所以我认为，年轻人一定要找到一个良好的学习环境以及适合自己的学习方法，这样才可以让自己的思维空间更为广阔。

我自己就是最好的例子。牛津大学的三年学习，在往后的职场生涯中帮了我很多。比如，我的同事看待问题都非常职业化，把它当作一场交易，而我由于对整个社会、政治、哲学具有一定的思考沉淀，看待问题的广度和高度或许不太一样，有时能够以一个全新的视角解决问题。

随着阅历的积累，人们看问题的角度会有很多。我在学法律时，被告知要读最基础的与本质的内容，所以我在研究很多议题时会越挖越深，这也使我在日后的工作中学会深度思考问题。

所以我很感激牛津大学。那段深度思考的岁月无疑塑造了后来的我。比如后来在麦肯锡，我就受益于这种深度思考。可能外界不少人认为，麦肯锡的员工很多是金融专业出身，实则不然，不少人其实是法律专业出身，因为作为顾问，沟通是其工作中十分重要的一环，而衡量沟通有无成效，要看个人看问题的条理性和架构性，进而在沟通过程中体现其逻辑性，背后则是一个人的思考能力，这正是我在牛津大学获得的最大财富。

牛津大学教会了我如何进行有思考性的沟通。当我与一位教授沟通一个他十分擅长的议题时，唯一的方法就是不断思考，不断提升自己对某些问题的认识，才能和他在一个层面上对话。

当然，在沃顿商学院学到的金融、交易和华尔街经验，正好与牛津大学这种打开心灵、开放思考的锻炼相互补充，实现能力互补，使我更能达到一种全面的平衡。所以我才说，这种沃顿商学院—牛津大学的学习顺序对我来说刚刚好，每一条走过的路都是必经之路。

现在想想，如果当时太早去牛津大学研读法律，我可能无法真正学会如何思考。太过年轻、稚嫩的我可能很难让自己完全静下心来学习，而正是之前在沃顿商学院的经历让我更加珍惜牛津大学的生活和学习方式。我无意给两者分个高下，因为它们对于塑造后来的我都做出了不可磨灭的贡献。但仅就学术氛围而言，牛津大学显然更加令我印象深刻，在它厚重的历史沉淀中，我学到了太多太多，在这儿的时光真是一段激情燃烧的学术生涯。

- 5 -

　　当然，除了在牛津大学令人终生难忘的学术生涯，我也十分享受那段时光的课余生活。总的来说，牛津大学的生活虽然没有沃顿商学院的生活那么多姿多彩，但也十分充实有趣。我有时甚至觉得，那时的课余生活堪称课堂生活的有力补充，我们会将思考带出课堂，让思维的碰撞从不间断。

　　那时大家都流行喝下午茶，学生会自发找一个咖啡馆，两三人聚集到一起，就开始聊起来。但这可不是一般的闲散聚会，往往会谈论一些比较深刻的议题，比如各国的政治制度，中国香港的未来道路，美国是否可以成功，英国是否在走下坡路等。

　　那是在 20 世纪 90 年代，苏联解体不久，海湾战争的硝烟还未散尽，弗朗西斯·福山刚刚提出"历史的终结"，香港回归祖国在即，我和同学们非常关注时事，并对关于政治体系的讨论很感兴趣。

　　牛津大学也希望学生们可以了解各种类型的政治体系，所以我当时特别学习了英国、美国和中国的政治体系。比如我会通过美国有线电视 C-SPAN 了解美国的立法运作，C-SPAN 会播放美国国会一整天的讨论，我们也可以通过它了解美国法律如何影响市民生活的整个过程。

　　C-SPAN 的一项基本任务是向观众提供美国参众两院以及其他讨论决定公共政策的部门的工作全过程。C-SPAN 在讨论场所架起

1~2 台摄像机，将制定公共决策的全程录制下来，不加任何编辑、说明地全程播出，而且非常注重各种观点的平衡性。C-SPAN 的发起人曾说，它的任务是给民众提供一个机会来从头到尾地观察某些重大事件。

在利用各种工具了解到各国的政治运作以及相关差异后，我认为世界上并不存在一个绝对完美的政治体系。我的结论其实很简单：第一，所谓的民主、一人一票不代表一个完美的系统；第二，每个国家发展历史的节点不同，所以不存在最完美的政治系统；第三，英国和美国也存在很多不民主的现象。

比如，其实美国总统并非一人一票选出的，而是由选举人选出的。英国首相也不是一人一票选出的，而是由在议会选举中获胜党派的党魁担任。所以，在所谓最民主的国家，并没有落实到一人一票。

当然，民主也可能会带来混乱。在讨论印度和俄罗斯时，大家争论的问题是，先要民主再要经济，还是先要经济再要民主。其实许多国家在还没有进入成熟阶段时，就开始推崇一人一票的制度，反而会使国家陷入混乱，出现民生问题。

正是这些对于政治等重大议题的课外讨论，构成了我的牛津岁月重要的课余生活。在牛津大学，虽然大家都十分坚持自己的观点和意见，但讨论的氛围十分开放，同学们也会相互尊重。在这种理性开放的环境中，牛津大学来自不同学院、有着不同想法的学生汇集在一起，使我感受到不同学院的学习风气，也学习到很多不一样的东西。这样的课余生活，无疑令我的牛津大学学业更加圆满。

出于对牛津大学理念的认可与怀念，后来我告诉我的太太，一定要到牛津大学读书，这里可以让人真正沉淀下来。她后来在牛津大学学习了两年，拿到了学位。我们一致认为，在牛津大学的学习与思考，让人受用终生。

当然，我的课余生活也不仅止于在咖啡馆和同学们坐而论道。周末我经常会跑去伦敦，去感受那充满活力的 90 年代的伦敦城。此外，我也参加了不少体育活动。在美国时，我的体型相比那些美国人来说并不具备优势，因此参与的体育活动并不是很多。但在牛津大学读书时，我有机会代表我们学院参加网球比赛。一边学习一边运动，这样的生活真是完美。

- 6 -

除了别致的课堂和课余生活，让我印象深刻的另一点，是牛津大学在很多方面的传统仪式感。比如，在重要的考试中，所有学生都要穿礼服、打领结。

当时我对这一传统不太了解，心想考试已经让我十分紧张了，竟然还要穿着如此正式的礼服，而且考试第一天要在胸前挂一朵白色的花，最后一天要挂一朵红色的花，到底是为了什么呢？

于是，我去问我的学长："考试应该轻松上阵嘛，为什么让学生穿礼服，造成这么大的压力？"学长告诉我，这个仪式连剑桥大学都废除了，但牛津大学依旧坚持着这个持续 1 000 年的传统，因为它有着特殊的内涵。

这个仪式意味着你是跟着 1 000 年来的牛津大学学者走完这段"牛津路"。将考场视为战场，将你全部的思考和知识倾注到这场考试中。千年之前如此为之，千年之后的我们依旧要循着先人们的教诲，走完自己的学术之路。这虽然看起来烦琐，但是充满仪式感，能够激发人的某种使命感。

每次回想起这段"牛津路"，都能让人想起牛津大学疯狂的考试季。牛津大学的这种老派做法，让考试季的牛津街头到处都是身着礼服的各年级学生，堪称一道亮丽的风景线，往往引得游人啧啧称奇。

当然，如此盛大的考试阵仗，一定能追溯到几百年前的贵族传统。时过境迁，在英国大学教育日趋平民化、国际化、多元化的今天，是否保留考试季的这种老派做法，其实也存在争议，支持者和反对者都大有人在。

支持者认为，这样的服装盛宴无关着装者的背景、性别、社会阶层、种族，在一定程度上维护了一视同仁的平等主义。反对者则认为，这种着装要求天然和贵族气息、精英主义联系在一起，象征着与其相伴相生的不平等时代。据说 2015 年牛津大学学生会曾就这一传统的存废进行过正式投票，其中近八成学生投了赞成票。

无论如何，考试时的正装出席，加上考试地点的庄严肃穆，以及监考官的端庄威严，总能激发学生对知识、思想和哲学的敬畏。很难想象在这种仪式感下，会有人轻视教育的力量，更别说考试作弊了。

以我多年的工作经历来看，人确实是需要仪式感的。其实，生活、学习和工作中的仪式感，并不是所谓的"做作"，它会让我们更加容易进入状态。比如我在家里工作时，会营造一种氛围，让自己更快进入状态。我与同事开会也不会直奔主题，而是会先营造一种让自己的身心进入深度思考的状态。

这是牛津大学的仪式感带给我的重要启发。

- 7 -

前面提到，与牛津大学的仪式感作为孪生记忆的，就是那特别的考试季。在如此隆重的仪式之下参加如此密集的考试，没有人会忘记这段经历吧。

但我的个人经历倒是挺有趣的。我并没有被牛津大学的大阵仗吓住，反而应对自如，胆量纵使不及当年那位回答"这就是风险"的传奇考生，应该也不会相差很多。反过来想，这或许也是因为牛津大学教育的力量让我变得更为自信了吧。

　　牛津大学第三年的考试要求在 10 天内写 8 篇文章，每次考 3
个小时，一共考 24 个小时。牛津大学要求考生不断对几个议题进
行思考，完成 25~30 页的答卷，但当时我并没有感到特别有压力，
很轻松地写完了所要求的 8 篇文章。

　　当时，美国律师事务所在香港有一个实习项目，我必须马
上赶回香港开工。考完试后，我就马不停蹄地飞到了香港。之后，
在香港实习的我突然接到考官的电话，说他看不懂我其中两篇文
章的手写内容，要我立刻飞回学校读给他听，否则我可能无法如
期毕业。

　　但当时的我胆子还真不小，并没有选择飞回学校，而是告诉
考官，你们看着办，看不懂的话就算了。幸亏后来有院长的帮忙，
他把我手写的内容读给考官听，我才没有挂科。

　　当时的我似乎隐隐有了那位传奇考生的风范。当年那位考生
说，这就是风险，这次我说，你们看着办。我们的行为看似不羁，
但似乎和牛津大学的开放式精神有着某种契合之处，那是一种自
信的浪漫。

- 8 -

　　能说的东西有很多，现在回想起来，牛津大学带给我的东西

可不是三言两语能够透彻表达的。总而言之，这段不一样的经历塑造了后来的我，而我不仅感激，也想着有所回报。

后来我为牛津大学法学院捐赠了林国沣奖学金，为负担不起学费的法学院学生提供资金支持。同时，应新院长的邀约，我现在也开始作为建议者和咨询者参与法学院的发展。

在牛津大学求学期间，我进一步感到中国发展得很快，所以回国是当时的第一个想法。

但是由于我有沃顿商学院和牛津大学的教育背景，许多教授推荐我去美国纽约学习公司并购与上市的法律。我选择了纽约颇有名气的一家律师事务所，做了一个暑假的实习生。当时事务所的一位合伙人对我说，如果我真的想进入并购与上市这一行，最好的公司还是在纽约。

最终我被说服了。从牛津大学毕业后，我就直接去了纽约考律师资格证，当时只有三所非美国大学（剑桥大学、伦敦大学、牛津大学）的学生可以直接报考美国的律师资格证。我于1999年取得律师资格证，后来留在纽约的律师事务所当了两年律师，并于21世纪初回到香港。

离开了象牙塔，职业生涯正在向我招手。但无论创业还是就业，牛津大学的影响力一直都在，挥之不去。

第4章

创业维艰

心得总结　　*　　　**创业要解决什么问题：** 可以这样说，创业失败的概率比成功的概率大很多，因此要有充足的心理准备。创业者应该想清楚，创业到底要解决什么问题，只有当你有一个比较完整的答案时，你才有机会成功。

　　永远不要低估创业的难度： 首先，有趣不等于与众不同，一个东西有趣，并不意味着你就能够靠它存活下去；其次，并不是每个人都有成为企业家的基因，创业可不是那么容易成功的。

　　从零开始的难度越来越高： 很多伟大的中国企业是在15~20年前创建起来的。那时候市场上可供发挥的空间很大，只要你有一个好的想法，并付诸实践，就有可能取得理想的成绩。但鉴于当今的中国市场整体发展已经较为成熟，从零开始创业的机会越来越少，而且难度越来越高，这是每一个有志于创业的人士必须面对的现实。

你走过的路，都是必经之路：人的每一段经历都相当于人生道路上的一个点，你不知道这些点在未来会以怎样的方式联结在一起。所以，不要让原有的舒适圈限制你自己，不然你会错过很多意料之外的风景，错失很多两点成一线的机会。

- 1 -

其实早在牛津大学求学期间，我就已经非常憧憬成为律师了。可能也是因为受到老一辈思想的影响，我总觉得从事一个与自己专业相关的职业还是挺不错的，算是学以致用。

我所工作的律师事务所是美国的谢尔曼·思特灵律师事务所，是约翰·思特灵和弗尔德·谢尔曼在1873年共同创建的，也是美国最有名的律师事务所之一。

20世纪末21世纪初，纽约的郊区化已经进入了新的发展阶段。由于大量富人迁到郊区居住，市中心有许多棚户区。当时纽约主城区非常脏，犯罪率也比较高。虽然我们的办公地点位于曼哈顿的中城区，是一个比较繁华且高档写字楼云集的地方，但你只要走到几条街区外，就会开始担心自己的人身安全。

当然，经过几任市长的努力，纽约的城市建设此后有所改善，而且有人会说，作为世界上最早建设摩天大楼的大都会，纽约主城区的破旧在所难免，再加上一栋栋具有历史意义的建筑，它自有独特的魅力，这一点我也不会否认。但当时的我不仅感觉城市破旧，每天的工作时间很长，而且时常有种自己是二等公民的感觉，这些因素导致我在纽约工作时过得不太愉快。

每次经过纽约衰败的城区，我都会问自己：我是中国人，为什么要一直在美国工作呢？况且，这里给我的感觉并不舒适。我想，我已经在美国学到了不少专业知识，并积累了实战经验，现在应该可以回香港工作了吧。几番考虑后，我就跟律师事务所表示，我想回香港。

调动的过程倒是意外的顺利。说来也巧，那时刚好我们的律师事务所在香港开了一家分公司，我自然被认为是合适的派驻人选，再加上当时中国内地的国企开始逐渐走向世界，很多企业准备在美国上市，因此律师事务所在香港布局的重要性与日俱增，这也给了我机会。

香港一直是内地与全世界沟通的枢纽，随着中国经济的持续发展，它的重要性也逐渐凸显。我有机会回到故乡，多多少少与此有关，这似乎也证明了我当年的差异化路线是对的：我要主打中国特色。

在沃顿商学院时，我就已经隐隐感到自己的未来会和中国紧密结合。当时竭力建立围绕中国的差异性，建立与中国有关的人脉和能力，都是为了有朝一日能在故乡大展宏图。在美国的律师事务所中，亚洲面孔比较少，再加上我又是中国香港人，具有中华文化背景，派我到香港接手许多与中国有关的项目，也就变得顺理成章了。

回到中国，落地香港，我踌躇满志，希望能有一番作为，同时也能为这里的发展添砖加瓦。很幸运，我可以回到自己熟悉的环境开展工作，见证 20 世纪以来最重要的经济奇迹之一。我想，我回来得还不算晚。

离开资本主义世界的心脏纽约，我并不后悔。展望全新的 21 世纪，我深深感到，人类的未来就在亚洲，就在中国。作为一个中国人，我将摆脱二等公民的感觉，摆脱无形的职场天花板，摆脱西方社会的潜规则，从香港出发，拥抱中国，放眼世界。

从一个 20 世纪 80 年代到国外求学的小孩子，到世纪之交从西方世界回流的所谓"海归"，我将开启一段全新的旅程。无论就业还是创业，这里的世界充满着精彩，似乎有无限可能。我将义无反顾地拥抱所有可能性。

- 2 -

我在纽约的律师生涯中学到了很多东西，尤其是积攒了许多上市与并购领域的独特经验，为自己日后的金融生涯奠定了基础。

谢尔曼·思特灵律师事务所在上市与并购领域的口碑是最好的，也是高盛最喜欢合作的两家律师事务所之一，所以我很早就有跟华尔街顶级投行一起合作项目的机会。我与在美国的团队共同参与了很多中国国企在美国上市的项目，包括中国石油、中国移动等，它们通过美国存托凭证（ADR）的方式上市。

美国存托凭证是美国投行为协助外国证券在美国交易而发行的一种可转让证书，通常代表非美国公司可公开交易的股票和债券。股票通过美国存托凭证的方式上市有提高发行公司在国外市场的知名度、拓展境外筹资渠道、流动性比一般股票更高、交易成本较低等优点。

此外，我也帮助了很多知名的中国香港企业上市，例如 TVB.com。对一个 25 岁左右的年轻人来说，这些经历是难能可贵的，我充分了解到了资本运作的游戏规则。

但在上市与并购这个领域，律师实际上是非常辛苦的。我们一年需要向客户提供收费服务 2 500 个小时，也就是说，在每天十几个小时的工作时长中，其实只有一部分是向客户提供的收费服务，其他时间多在处理一些沉闷冗余的杂事。

我有个笔记本，专门记录每天的工作时长，也记下了自己的辛苦。我是美国的律师，但是有些客户在亚洲，所以需要同时对接两边的客户。很多时候的工作模式是，从早上 8 点到晚上 8 点陪着中国内地和中国香港的客户，晚上 8 点开始和美国的同事沟通，每天连轴转。

当时周一到周六平均每天需要工作 14~16 个小时，就连周日也要工作 5~6 个小时。幸好当时年轻，还可以承受这种工作强度，但无论如何，这都谈不上一份美差，也很难带给我巨大的成就感。

尽管在上市与并购这个领域，我能接触到许多顶级的金融人和企业家，但在工作中我逐渐感受到，这并不是我想要终身从事的职业。其中一个重要原因是，作为一名律师，我只负责制定整个法律架构，离真正的商业决策其实很远，更不用说真正了解一家企业是如何运作的了。

我希望自己有机会成为商业世界的决策者和亲历者，而非仅仅做一个服务者和观察者。于是，在美国律师事务所工作了两年多后，也就是在 2000 年左右，我选择了离开。

人在一生中需要做各种选择，但我这次的选择有点特别：创业。我放弃了当时月薪高达 7 万 ~8 万港元的律师工作，放弃了公司提供的半山豪宅，放弃了不少人羡慕的中产生活，毅然投身一片未知的商业水域，一边向亲友借钱，一边拿着每月 1.5 万港元的薪水，一头扎进了世纪之交的互联网热潮中。

- 3 -

在许多人的印象中，20 世纪 90 年代一片繁荣，经济前景看好，互联网产业成为许多人的信念，互联网公司更是被捧上了云端。

1996 年 4 月，雅虎刚上市就估值 8.48 亿美元。亚马逊紧接着也在 1997 年 5 月以 4.38 亿美元的估值上市。到 1998 年春，每家互联网公司的股价都翻了两番。这些公司的收益是非互联网公司收益的数倍之高，怀疑论者对此提出了质疑。显而易见，市场已经陷入疯狂。

这样的疯狂虽然可以理解，但是为日后的危机埋下了隐患。1996 年年底，时任美联储主席艾伦·格林斯潘曾警告称，非理性繁荣可能会导致资产价格虚增。

与此同时，旧有的经济秩序正在发生动摇。1997 年 7 月，亚洲金融危机爆发。裙带资本主义和巨额外债使泰国、印度尼西亚、韩国等新兴经济体的经济形势一落千丈。卢布危机在 1998 年 8 月接踵而来，俄罗斯那时已长期陷于财政赤字和货币贬值，负债累累。

卢布危机引发的一系列反应，击垮了美国高杠杆对冲基金——长期资本管理公司。长期资本管理公司 1998 年设法将自身损失控制在 46 亿美元，但仍负债 1 000 亿美元。面对债务形势，美联储为了避免系统性风险，斥巨资紧急援助，并且降低了贷款利率。

1998 年开始加速爆发的网络热潮，背景就是这样一个有着致命吸引力却又显得混乱无序的世界。很显然，新经济的泡沫是存在的，但旧有的经济秩序无法应对全球化带来的挑战也是不争的事实。

要想让未来更好，就一定要找到更好的办法，而且是不同的办法。以互联网为代表的新经济，被认为是改变世界的重要力量。后来的发展也证明了这一点，只是时间节点稍稍延迟了一些。

时值世纪之交，我也决定创业，做一个社交网站，在网络热潮中冲浪。

在 2000 年的中国，还不能用手机上网，只能用电脑上网，且网速非常慢。但我当时就已经意识到，网络其实可以拓宽人的社交面，并拉近彼此的距离，于是那年我和一位美籍华人朋友一起创建了一个社交网站——www.IceRed.com。

Ice 是冰，表示酷酷的；Red 是红色，代表中国。两者相结合，既彰显我们的个性，又表明了我们的归属。

当时美国已经有不少互联网公司，但关于互联网创业的灵感其实更多地来自我的校园生活。我很喜欢推动并参与一些事情，IceRed 的理念正是基于此。

值得一提的是，最初 IceRed 这一互联网平台并不是为专业人士创建的，而是一个类似同乡会的平台，连接沃顿商学院和牛津大学的学生以及其他相关人士，最后才慢慢演变成后来大家看到的那个网站——职场人士的社交网站。这也说明，创业确实是一个不断演进的过程。一个小小的想法能演变成最后那么大的一个交友平台，这在我的意料之外，却也在情理之中。

那段日子我虽然压力很大，但很开心，因为我做的每一件事情都是可以看到结果的。这大概是创业的魅力吧。

- 4 -

我到现在还记得创建 IceRed 前后的许多细节。

我不是具备科技基因的互联网奇才。在创立这个社交网站的时候，其实我对这方面的理论知识一窍不通，我后来通过朋友牵线认识了我的合伙人，他当时在美国的一家互联网公司工作，所以他有相关的团队和能力。

他在香港逗留的时候，我就询问他，能不能帮我打造这样一个类似同乡会的交流平台。他个人也比较喜欢香港这个城市，就决定暂时留下。正是因为他的出现和帮助，我们的网站才能顺利"出生"。他弥补了我的技术空缺，让我的想法变成现实，这也算是一种缘分吧。

创立后的 IceRed，主要有两个板块的内容。

一个板块是学校。当时的许多优秀大学生会在中国香港和新加坡举行联谊，但是他们组织活动的方式比较老套，例如通过发短信、填表格等方式来通知和汇总信息。当时我们就想，我们可以做一个平台，让常春藤联盟、牛津大学、剑桥大学的学生在此表达自己的观点或组织一些活动。

另一个板块是工作。与我们同届的毕业生在各自不同的行业发展，例如投行、顾问公司、律师事务所等。IceRed 可以提供一个平台，让大家交流工作经验、分享生活趣事。这有点类似于现在的微博。

IceRed 不仅专注于发展线上的交流圈，还会时不时地举办线下活动。因为这个圈子相对来说是十分紧密的，大家会提议举办线下的聚会活动，十分踊跃地参加。当时一些很有名的餐厅和俱乐部会为我们提供免费的场地。因为在他们看来，我们可以为他们提供很多重要的客户。我也会参加这些交流活动，因此跟很多人结下了深厚的友谊。

这次创业一开始的进展十分顺利。2000 年 3 月，IceRed 开始运营，5 月就成为全香港用户人数最多的网站。当时每天有 40万~50 万的浏览量，而香港常住人口也就约 700 万，这代表日活跃用户数量已经相当多了。

我们还发起过一个"全香港最帅投行人"的投票活动，当时差不多全香港的投行人都参加了这个活动，一些参与者甚至还去找人拉票，参与感极强。那次活动声势十分浩大，相信不少人至今都记忆犹新。

在当时的香港，IceRed 可以说非常流行了，有些人几乎把一整天的时间都花在这个社交网站上，这严重影响了他们的工作。严重到什么程度呢？当时，摩根士丹利发了一份内部警告文件称：停止使用 IceRed。

针对这种警告，我们也有自己的对策。我发电子邮件给所有的用户，把我们网站的秘密名字告诉他们，同时还在网站的右上角新增了一个按键，只要一次点击，桌面就会立即切换成工作界面，相当于做了一个掩护。所以，如果你发现你的上司过来了，你可以立刻点击快捷键，切换成工作界面，这样就可以完美避开上司的监视。我们的用户非常喜欢这个功能，认为这很贴心、很实用。

由于我们网站的活跃用户数量越来越多，用户又都是精英群体，所以有很多投行来找我们合作，想要在 IceRed 上投放广告。那时候的广告很简单，就是展示在网站上的横幅广告，或者向我们的会员群发电子邮件，类似于现在的短信推送。

因为 IceRed 非常火爆，我们还增加了新加坡的业务。当时 25 岁的我感觉像是走上了人生的巅峰。我心想，创业似乎也没有那么难，还好呀，IceRed 不就做起来了吗？

只可惜，我还是低估了创业的难度。我后来才了解到：首先，有趣不等于与众不同，一个东西有趣，并不意味着你就能够靠它存活下去；其次，并不是每个人都有成为企业家的基因，创业可不是那么容易成功的。

- 5 -

就在 IceRed 如日中天的时候，它的运营遇到了一些难题。由于我们的用户可自由发帖，所以网站上出现了很多诽谤的内容。在这种情况下，我们开始被不同的公司警告。

当时有一家公司要求我们披露诽谤者的信息，但是我拒绝了他们的要求。我对他们说，除非法律要求我做这件事，否则我会保护用户的隐私。最后，对方真的把我告上了法庭。法律判定我们作为社交网站的运营者，不仅有责任披露诽谤者的信息，还应该把诽谤的内容删除。

当时香港关于互联网的法律体系并不健全，值得一提的是，香港第一条关于线上言论自由的规定，就是来自我们这个案件。在某种意义上，我们的事业还推动了香港法律在互联网方面的发展。

根据这起案件所制定的法律规定，作为社交网站，如果被他人投诉诽谤，则需要删除相关内容。但网站运营者不能修改其中的内容，一旦修改，就相当于运营者自身也参与了诽谤；同时，法律有权要求网站披露诽谤者的信息，但是需要在原告有实际证据的情况下。

回想当时，这个社交网站虽然发展势头良好，但还无法实现收支平衡。此外，当时的互联网行业发展并不稳定，生态不健全，用户不成熟，监管不完善，因此卷入了很多的官司，这让我压力很大。当时公司只有六七个人，我一狠心，就把公司的运营权卖掉了。

因此，我太太常说："你没有马克·扎克伯格聪明，虽然你比他更早做社交网站，但是你最后没有坚持下来。你没有成功。"

这次创业经历也让我意识到，其实我自身并不懂如何运营业务。我开始思考应该如何学习商业运营模式，所以我之后申请加入麦肯锡，想去学习关于业务运营与管理的方法。

但不得不说，现在还是有很多人希望能有这样一个专业人士聚集的交流平台。就在 2020 年，即 IceRed 网站创建 20 周年，有一些老客户找到我，问我要不要重新开放这个网站。因为到目前为止，香港还没有这样一个供金融、法律等专业人士交流的平台。

至少在当今这个阶段，我自身可能不太适合再做这件事了。但我可以投资，让其他人去搭建这样一个网站。然而，必须面对的事实是，现在的环境不像 20 年前了，互联网创业对资金的要求越来越高了，当年用 200 万元可以建立一个网站，现在可能需要 20 亿元甚至更多。

我如今投资的团队在认真规划和研究之后，创建了一个新的线上视频交流平台 Toasty。我目前是这个网站最大的股东。

这个网站有一定的特色，它在视频里面提供了很多互动游戏，让简单的视频更加丰富多彩，用户的参与度也提高了。目前视频领域还有待开发。你可以想象一下，四五人的视频交流是很容易的，但如果是 500 人一起参与视频互动呢？所以，这个网站的想法很有实践性，未来值得期待。

目前，这个视频交流平台投放到了四五个国家和地区，有 5 000~6 000 名用户。我不知道它最终能否像当年的 IceRed 那样火爆，但我希望它能取得成功。在某种意义上，我当年的创业梦想也被移植到了现在的 Toasty 身上。

希望这个梦想还能延续下去。

- 6 -

创业是一件九死一生的事情，成功的必要条件很多，甚至需要一些运气。对当时的我来说，如果再坚持一段时间，或许能够迎来起色，但谁知道呢？历史没有如果。

我当时选择创业，还是需要一些勇气的。这和少年时的我离开加拿大前往美国，以及本科毕业后离开美国前往英国的选择一样，不仅需要坚定的判断，而且需要顶住家人的压力。

我的父母是传统的中国式家长，当我告诉他们我要创业时，他们对我离开美国律师事务所的行为表示非常惊讶。他们感到疑惑，我读了这么多书，又拿到了律师资格证，为什么要离开？他们想不明白，离开律师事务所的我在其他领域还能做什么？

其实，离开律师事务所后，我的生活变化非常大。当律师时，因为算是外派，美国律师事务所为我在香港的半山区提供了居所。要知道，当时香港最豪华的住宅区都建立在太平山上，环境幽静，其中好一点的地理位置甚至还能一览维多利亚港的美景。

在我选择创业后，这一切都没了。在创业期间，我不得不搬回家，挤在一个小房间里，过着一般打工人一样的生活。

不仅如此，我在父母心目中的形象也发生了变化，由原来"牛津大学毕业，就业于美国著名律师事务所，住在豪华公寓中"的成功人士，变成现在"住在家中小房间"的落魄创业者。

不过，父母后来还是支持我去创业。他们了解到，我做律师太辛苦了，趁这个机会至少可以休息一下。毕竟我还年轻，还有时间可以做我自己喜欢的事情，所以当时父母给了我几十万港元的创业启动资金。

但我的想法并非"休息一下，转换心情"这么简单。从毕业到 30 岁是个人的探索阶段，这个阶段不要太看重薪酬和任职公司的招牌，而要更关注工作对自己能力的锻炼，为以后打下基础。

所以，30 岁之前需要做两件事：一是了解自己"无知的领域"，二是去学习自己"无知的领域"。30 岁以后，你就可以自信地说，这个事情我做过，我有这个能力。

话虽如此，但具体到每个人身上，要顶住家人的压力可不是那么容易的。尽管父母一开始支持我创业，但他们毕竟是抱着让我"休息一下，转换心情"的心态，半年过去后，他们还是按捺不住了。

父母开始问我：到底什么时候回律师事务所啊？我已经"休息"半年了，他们觉得我该做点"正经事"了。在他们的传统观念中，我花了 7 年的时间，在最优秀的院校中学习法律与金融，现在却在做这种与专业不相干的事情，简直就是浪费时间，也是对自己未来的不负责任。

父亲当时说的一句话让我印象深刻。他说："国沣，你到底要做多久 IceRed？我本来想，你玩半年就算了，你为什么还要继续做下去？"

到后来，他们甚至开始质疑我说："你在搞什么？这个社交网站很八卦！为什么这么多人告你？这个公司在赚钱吗？"

说到赚钱，那时创业带给我的收入显然不如律师这份职业。2000 年，美国律师事务所每月给我 7 万~8 万港元的工资，这甚至比我沃顿商学院不少同学的工资还要高。律师事务所还为我提供豪华的公寓，让我享受所谓成功人士的生活水平。但在创业期间，我给自己每月开 1.5 万港元的工资，还需要借住在家里。落差十分显著。

从中产阶层的专业人士形象到仿佛有点落魄的创业者形象，两相对比之下，父母终于接受不了了。当然，我很理解他们的感受，因为我是家中的长子，父母当然对我有所期望，如今期望似乎落空，失落在所难免。

在看到我的选择后，他们会有抱怨或者有些许失望，觉得我浪费了许多好机会和自身的学术背景，这是很自然的，每一个传统的家长都可能这么想。而且，他们担心我在互联网领域停留太久了，很难回到原来的领域，这也是很正常的一种联想。其实，父母也是在通过他们的方式提醒我，希望我有所思考，凡事要想清楚。

我明白他们的一片苦心，但当时的我并没有感觉不舒服，反而很兴奋。因为我终于从传统的框架中跳出来了，在自由的商业环境中，我学到了更多东西。

再回首，我感觉那个时候的自己胆子真的很大。在一个自己完全不熟悉的领域闯荡，丝毫不慌。现在想想，也可能是我觉得自己有退路——随时可以回到律师行业，所以才如此大胆。而且，家庭情况也让我没有很大的金钱压力，我是有条件稍微任性一些的。

这也是我到现在为止的唯一一次创业，尽管失败了，但这次创业经历对我后来在麦肯锡、诺亚、量化对冲基金公司 Two Sigma 工作的影响还是很大的。

我对这次创业的感悟颇深。在如今的我看来，如果你想创业，可能需要一个足够大且有足够影响力的平台。要想从零开始做一些能够影响世界的事情，是很难的。

很多伟大的中国企业是在 15~20 年前创建起来的。那时候市场上可供发挥的空间很大，只要你有一个好的想法，并付诸实践，就很有可能取得理想的成绩。但鉴于当今的中国市场整体发展已经较为成熟，从零开始创业的机会越来越少，而且难度越来越高，这是每一个有志于创业的人士必须面对的现实。

从我个人的创业经历出发，我认为，如果你想创业，那么你首先应该思考三个问题。

第一，创业是一个十分艰苦的过程。可以这样说，创业失败的概率比成功的概率大很多，因此要有充足的心理准备。

第二，创业者应该想清楚，创业到底要解决什么问题。

第三，你要想清楚自己是否有能力解决这个问题。

只有当你有一个比较完整的答案时，你才有机会成功。反之，你可以尝试通过一个平台先去学习，进而有所作为，将自己的想法付诸实践，之后再考虑创业。

在我看来，就算在一个发展已经相当成熟的平台，也可以做出不一样的成绩。从事一种职业，并不意味着要被这个职业禁锢和规范，而且很多公司的老板希望自己的员工有创新思维。因为现在没有一家公司是画地为牢的，老板们都在尝试突破舒适圈，不断创新，所以通过成熟的大平台，你依旧可以实现自己的创业创新梦，不必非要"单飞"。

即便在一个成熟的大平台上，你也不必简单地接受现有的模型，而是可以在企业现有的运行模式和自己的创新方式之间取得平衡，既不能一味地打破原有的规则，也不能故步自封，而是要掌握好度，从而取得突破。

作为一个既有创业经历又有大平台工作经历的人，这是我想和广大有着创业梦想的年轻人分享的。

- 7 -

在意识到自己的短板后，我决定开始学习业务运营和企业管理，准备申请加入麦肯锡。当时我已经二十六七岁了，相比其他刚毕业就进入麦肯锡的人，我的年龄实际上已经很大了，这对我来说是个劣势。

不少麦肯锡的人都知道 IceRed。在我申请加入麦肯锡后，很多麦肯锡的合伙人都想和我见面，可他们并不是为了邀请我去麦肯锡工作，而只是为了八卦一下。我先经历了 6 次面试，最后两次面试是和两位合伙人见面。他们见到我就说："Kenny，我知道你肯定没有兴趣来麦肯锡，我来就是想八卦一下你运营的 IceRed。"

尽管他们来见我并非为了招我入职，但我还是因为 IceRed 比较容易得到麦肯锡的面试机会。最后，麦肯锡的一位合伙人邀请我入职，但他又觉得我作为一个比较有名的网站的创始人，应该不会来麦肯锡做最低级别的顾问。所以，他大概认为我不会接受麦肯锡的 offer。

恰恰相反，我接受了麦肯锡月薪约 2.8 万港元的 offer。这个收入要远低于美国律师事务所给我的月薪，但我没有选择回归律师行业，而是坚定地走上了一条咨询之路。

我在选择职业的时候，内心有很明确的主见。如果你观察过整个商业的生态，你就会发现律师与商业决策离得比较远。比如我在诺亚担任集团总裁的时候，律师事务所只是我商业决策的最后一步。所以对决策者来说，律师只是帮他提交招股书的那个人。

然而我心中的不安分因素，让我希望自己成为一个具有决策能力的人，这样我才能对市场产生影响力。我的目标是找到一个全球最贴近 CEO 的公司，了解这个公司的价值观，学习如何管理公司，所以我坚定地选择了麦肯锡。

我的信念是，人的每一段经历都相当于人生道路上的一个点，你不知道这些点在未来会以怎样的方式联结在一起。所以，不要让原有的舒适圈限制你自己，不然你会错过很多意料之外的风景，错失很多两点成一线的机会。

以我的个人经历为例，如果当时我直接申请加入麦肯锡，他们可能会觉得我的年龄有点大了。但正是通过我创建的网站，他们想要了解这个网站的创始人是个什么样的人，才会想要主动跟我见面。这样一来，IceRed 帮我和麦肯锡建立了意料之外的联系。要知道，在我创业的时候，我可想不到这个"点"会与麦肯锡相联结。

此外，如果我在毕业后直接进入麦肯锡，可能无法摆脱特定咨询模式对我的影响，而那几年不一样的经历，特别是创业经历，开阔了我的思考空间，让我有了不一样的视角。从这些角度来看，那次创业经历是我人生中的重要宝藏。

当然，你或许会好奇，我是否对没有坚持下去感到遗憾，毕竟社交网站被其后的发展证明可行，一批批社交网络巨头随后崛起，说明我的理念是正确的。我想说的是，虽然很多人希望自己有穿越时空回到过去的能力，以此来弥补曾经的遗憾和不完美，但我们只是在以现在的眼光去看过去的自己和已经发生的事情，这必定会更明朗和更清晰，而这种"事后诸葛亮"的想法对过去的自己是不公平的。

如果当初我再坚持 10 年，这个领域的光景或许会很不一样。又或者，我可以晚一些创业，等到用户和整个互联网生态都更好时，一切就会变得不同。但我想，就算我回到过去，我也坚持不了 10 年。因为当时我的教育背景和学识以及身边的人都不希望我继续"浪费"自己。另外，相对较好的家庭条件也使我没有"饥饿感"，不够坚定，没有背水一战的精神，从而没有坚持到最后。

换句话说，现在很多能力强、教育背景好的人，正是因为选择太多，所以很难完全专注于一件事，将那一件事完美进行到底，所以他们反而不是最合适的创业者。

　　正是那次创业经历让我有了如此多的体悟。它与我过去经历的许多不同的"点"串联起来，影响和帮助了后来的我。因此，我很感激那次创业经历。

第二阶段

执行和坚持:
在人生最黄金的阶段,
做一些
难但有意义的事

第 5 章

挑战麦肯锡

心得总结　　*　　**建立口碑**：对一个年轻的分析师来说，第一个项目十分重要。因为公司内部并不存在一个明确的评判标准，一个顾问的能力是通过合伙人口口相传的，个人口碑就是在这个过程中建立起来的。

建立专业壁垒：作为顾问，你最需要做的是重复做同一类型的项目，不断接受磨炼和学习，加深对某一行业的了解，在一个特定领域建立专业壁垒，只有这样，你的口碑才能建立起来。如果东一榔头西一棒槌，什么都做，什么都不专业，那是很难取得成功的。

连点成线：对于遇到或合作过的很多人，你要"投注"，即懂得投资关系。一个人今天是与我一样的顾问，15 年后可能就是某家公司的 CEO。人与人之间的关系是长久的，切忌功利和交易性。每段人生经历就像人生中的一个点，你不知道未来哪一天这些点会被联结起来。我在工作中接触过的许多优秀人物，后来又以各种不同的形式出现在我的人生中。

- 1 -

创业的时候，尽管有着各种惊喜，但在面临一连串问题时，很多人都会感到无助，难免会打退堂鼓。我深深感到，企业家精神绝非一蹴而就的。

通过这段经历，我认识到自己并不具备管理企业的能力。那么，回归律师事务所会是一个好主意吗？

显然不是。在律师事务所的那段经历让我明白，律师其实离真正的商业决策很远，尽管法律服务很有价值，但企业管理显然远不止这些。我被创业生涯激活的商业感觉，不可能在律师事务所得到安放。我想，我需要找个能够真正学习、了解商业的地方，于是我把目光投向了麦肯锡。

我去麦肯锡的面试，可谓一波三折。当时的面试分为三轮，每轮有两个案例分析，依次由初级分析师、项目经理、合伙人出题。我顺利通过了面试，但奇怪的是，很久后我都没有收到 offer。

　　我当时如坐针毡，随即联系了一位在麦肯锡工作的初中同学，他也是我的牛津大学同学。我问道："麦肯锡怎么回事啊？我都已经通过面试了，怎么还没有出结果？"他告诉我，我是少数几个经过三轮面试后所有面试官依旧没有统一意见的候选人。

　　令我难以置信的是他们的争议点：他们内部没有人相信我是真心诚意想要加入麦肯锡的。他们认为，我既有美国知名律师事务所的工作经历，又有互联网行业的创业经历，即使给我 offer，我也不会安心留在麦肯锡。

　　就在事情陷入僵局之际，我未来顾问生涯的"伯乐"出现了。他是麦肯锡香港分公司主要负责金融业务的合伙人，是个法国人。

　　这位合伙人非常喜欢我，他拍着胸脯对其他人说："他（Kenny）一定会成功的，我要给他 offer。"正是因为他，尽管存在不少争议，我还是在被邀请参加 7 次面试后闯关成功。如此多的面试次数可是非常少见的，幸好我还是成功了。

　　不过，麦肯锡并没有给我咨询顾问的 offer，这个 offer 主要针对的是攻读 MBA（工商管理硕士）的顾问，我拿到的是初级分析师的 offer，算是麦肯锡最基层的员工了。通常情况下，新入职的员工需要做三年的初级分析师和两年的咨询顾问，才可以申请晋升为项目经理。

　　当时的我已经在美国知名律师事务所工作了不少时间，薪水很高，还创过业，虽然没有成功，但也算小有名气。结果麦肯锡只给了我这种最低级别的 offer，月薪只有 28 300 港元。

　　说实话，拿着这种等级的薪资，对我来说非常痛苦。原以为进入这种全球知名的专业机构，就可以拿更高的薪水，没想到比起在美国律师事务所的薪水低了一大截。我一度开始动摇，问自己要不要坚持入职，毕竟我还有退路，我可以回去当律师。

思来想去，我还是决定坚持自己的初心——我要学习商业决策。我认为，只有麦肯锡能开拓我的商业视野，所以就接受了这个不尽如人意的 offer。于是，在 26 岁那年，我跟一些刚毕业的学生一样，开始在麦肯锡当起了初级分析师，真正从底层做起。

- 2 -

很多人都说，麦肯锡所在的咨询行业，其实是一种比较"虚"的行业。大家都开玩笑说，这个工作好比客户来问你时间，你只是把客户手表上的时间读给他听。意思是说，顾问其实并没有给出独到的意见，只是把客户已经知道的东西包装一下再告诉他。

但我认为，麦肯锡和其他公司不一样的地方在于，它本身有一套信仰、体系和管理思路。这里的前辈告诉我，你进入麦肯锡不要仅仅为了当顾问，而是应该把这里的价值观"镶嵌"到日常生活中。

我刚入职就受到了《透视麦肯锡》一书的影响，该书由马文·鲍尔执笔。鲍尔是管理顾问的先驱，也是麦肯锡第二代 CEO。

他把麦肯锡从一个仅为会计类公司提供咨询的小公司提升为全球管理咨询业的霸主。

《透视麦肯锡》一书共有三四百页，主要讲述麦肯锡如何利用自身的价值观工作。我入职的第一天就被要求看完整本书，去了解当一名麦肯锡人有什么不同。这本书让我深刻地体会到，做任何工作都要有一套信仰、价值观指引着自己。

值得一提的是，每年 6 月最后一周的周五是麦肯锡的价值观日。在这一天，全球的麦肯锡咨询顾问都要放下手里的工作，分享自己每天在工作中如何践行麦肯锡的价值观。

当时麦肯锡的信条是"坚守最高的专业标准，显著提高客户绩效，为优秀人才创造无与伦比的环境"。不过，这三个信条之间可能会发生冲突。比如，为了提高客户的绩效，你的工作时间就会增加，工作强度也会提高，这肯定会与吸引人才的信条相冲突。同时，客户觉得可以提高绩效的某些战略举措，对专业顾问来说意味着在法律的灰色地带徘徊，可能存在法律风险，而且会对客户产生负面影响。此时，坚守最高的专业标准和显著提高客户绩效之间的关系是很难平衡的。所以价值观日就是为了分享麦肯锡员工在工作中遇到的这些冲突，思考应该如何判断并采取行动。其实没有标准答案，有的只是不同的故事。

顺便说一句，后来这个管理方法被我引进了诺亚，每年也会有这么一天，诺亚的员工专门来谈如何运用价值观去工作，也会相互分享在工作中遇到的价值冲突。例如，诺亚人会分享如何处理创新和获取客户信任的关系。

其实，无论是做顾问还是做人，我们都应该有一套自己的价值观，并按照价值观的指引行动。但麦肯锡如此强调价值观，并把价值观深深融入工作之中，还是给年轻的我带来了很大的震撼。

- 3 -

作为一名初级分析师，在刚加入麦肯锡时，其实是没人管你的，你需要建立自己的口碑，才有业务可做。用我在沃顿商学院体会到的道理来说，就是要建立差异性的个人品牌，这样别人才会找到你、记住你。

当时香港与我同级别的有 10 个人左右，全球更有两三百个初级分析师，我并没有什么特别之处。我很快意识到，加入麦肯锡并不代表就有工作了。有一种工作状态，反而会被大家嘲讽，大家都称之为"on the beach"，意思是你在海滩上等待合伙人给你工作，并没有参与任何项目。

麦肯锡会衡量每个人的有效工作时长，如果你在 100 天里有 35 天没有参与项目，就会被"邀请谈话"。麦肯锡内部的绩效考核机制是"不晋则退"，每年表现最差的那 10% 会被淘汰，不管是初级分析师还是副董事，都会参与排名。这种看似残酷的机制实际上成了大家工作的重要推动力，这就类似于娱乐圈的规则，你必须时刻保持自己受欢迎的程度。有了热度，你才有价值。

对我来说，当时最重要的莫过于在竞争如此激烈的环境中建立自己的口碑，从而有机会被合伙人选中，进而参与一个项目。多亏了在沃顿商学院的经历，对于如何在竞争激烈的环境中建立自己的差异性，我有一定的心得。

要在麦肯锡建立自己的品牌，有几个关键点：努力、积极的工作态度、专业。

对一个年轻的分析师来说，第一个项目十分重要。因为公司内部并不存在一个明确的评判标准，一个顾问的能力是通过合伙人口口相传的，个人口碑就是在这个过程中建立起来的。所以，这种口口相传直接关乎你的声誉，会影响你以后的工作。

我的第一个项目机会就是那位来自法国的合伙人提供的，目标是帮助一家法国券商在亚洲完成并购。我当时是这个项目组里资历最浅的顾问，也正是通过这个项目建立起了我在公司内部的口碑。

进一步建立自己口碑的一个很好的途径，就是去服务最好的客户，因为在最好的项目中，你可以最大限度地提升自己的能力，也能让更多人认可你。

我在"菜鸟"生涯中的重要一跃，就是参与了中国平安的项目，这个项目的负责人是麦肯锡前任全球 CEO，和我一起做这个项目的另一位顾问则是今天的平安银行联席 CEO 陈心颖。

服务中国平安的第一个项目是"卓越工程"。当时中国平安的保险代理共有二十几万人，我们需要提升其前线工作人员的能力，并且去除冗余产能。第二个项目是"后援计划"，即对中后台进行改革，包括客户体验、流程集中化等。

当时中国平安的总裁是张子欣，他于1993—2000年任麦肯锡管理顾问，后来成为全球合伙人，主要为亚洲各国金融机构提供咨询服务。中国平安当时还有一位负责人是顾敏，他也曾是麦肯锡的分析员，后来加入中国平安，成为中后台的主管。顾敏现在是微众银行的董事长。

这段服务中国平安的经历，让我开始建立起个人口碑，也为自己的金融差异化道路奠定了基础。就像我常说的，每段人生经历就像人生中的一个点，你不知道未来哪一天这些点会被联结起来。我在工作中接触过的许多优秀人物，后来又以各种不同的形式出现在我的人生中。

就在我的麦肯锡生涯有起色后，美国发生了"9·11"事件，全球市场动荡之下，麦肯锡很快面临财政问题，裁掉了绩效排名后1/3的员工，新员工入职也被延迟半年，而我的薪水也被砍掉了15%。

这段时期，麦肯锡的生意整体比较惨淡，因此我也在"海滩"待了两个月。就在这时，我的"伯乐"（那位来自法国的合伙人）又帮了我一把。他邀请我加入中国台湾地区中国信托的新项目，让我不至于在"海滩"待太久。

2001年前后，台湾地区的金融业在整个亚洲处于领先地位。中国信托是当地最有名的银行之一，于1966年由辜振甫创立。这次项目经历让我真正体验到了顾问的生活——基本每周去一次台湾，就这样坚持了整整一年，协助他们做了很多改革。

在台湾的第一个项目是并购，我们帮助他们售卖中国信托旗下的中国人寿，之后开始参与中国信托的零售项目。中国信托的财富管理业务在台湾是很有名的，因为这个契机，我初步建立了有关财富管理的能力。

值得一提的是，招商银行金葵花业务和其他信用卡业务负责部门中，很多高管都是从中国信托跳槽过来的。当时中国信托的高管意识到，中国大陆的金融业发展得很快，同时招商银行也需要一些有能力、有经验的人才。2005—2010 年，招商银行中有不少人是从中国信托出来的，所以两家银行有些理念是相通的。我们可以发现，金葵花的概念其实部分基于中国信托中高端客户的概念，而后者又来源于花旗银行。

这部分跳槽至中国大陆的人士中，有很多是我以前在中国信托项目中的客户，这对我后来的职业发展起到了帮助作用，也再次印证了这个道理：每段人生经历就像人生中的一个点，你不知道未来哪一天这些点会被联结起来。

- 4 -

在入职麦肯锡的时候，我确实比其他咨询顾问的年龄大，我也很想尽快实现晋升，在职场上有所作为。为了实现自己的计划，我必须考虑清楚未来的发展方向和专业，建立个人口碑，这就跟我在沃顿商学院的时候一样，需要尽快为自己找到正确的定位。

说实话，我一开始并没有选好自己的赛道，而是通过参与这些金融项目才决定在金融领域继续发展。这样说起来，我跟金融确实有缘分，如今进入华尔街，也是一步一个脚印积累下来的。

作为一名初级分析师，能力和实战经验肯定不如客户，我们要让客户信服，可不是一件容易的事。但我们也不用担心，因为麦肯锡有一套自己的工作方法，它强调要对自己"洗脑"，即相信自己的能力，只有这样，客户才有可能相信你。

麦肯锡要求我在很短的时间里现学一些实战可能会用到的知识，例如关于并购的相关知识。我在自己负责的项目开始前两周，会在公司内部找 50~100 个相似的案例进行分析。自学后，我就能在客户面前展现出自己的能力，同时为他提供咨询服务。

这种看上去有点"临时抱佛脚"的学习方式，可能会让一些人担心，那些突击掌握的知识会不会误导客户？坦白来说，麦肯锡对市场是有影响力的，但也不可能保证 100% 的准确率。我个人认为，麦肯锡提供的咨询服务有 60%~70% 的概率是正面的，剩下的部分可能会存在一些误差。

但也不需要过于担心，因为麦肯锡的工作架构不可能让最低级的顾问负责整个项目，而是会让两个合伙人、一个副董事、一个项目经理、三四个顾问组成团队去负责。解决问题的方法和路径实际上是由最高层的两个有经验的合伙人引导下面的顾问团队去研究完成的。

　　顾问并不会直接承接客户的问题，而是由合伙人下发任务，然后顾问去分析、研究，最后给客户的建议是由合伙人提供的。因此，在我还是初级分析师的时候，我扮演的是支持者而不是决策者的角色。从这样的安排也能看出，麦肯锡合伙人所扮演的角色十分重要，他的自主性和权限都很大。

　　近些年来，麦肯锡在美国等地发生的丑闻事件我也有所耳闻，因此不必神化它，它也存在自己的问题。2020 年年底，美国阿片类药物生产商普渡制药承认在美国阿片类药物泛滥的危机中扮演了丑恶角色，通过行贿等方式怂恿药店和医生大量推广其生产的阿片类药物奥施康定。根据《纽约时报》的爆料，作为普渡制药的管理咨询方，麦肯锡竟然提出过多条恶劣建议，设法让普渡制药在美国的阿片类药物滥用严重的情况下继续增加奥施康定的销量。事件曝光后，麦肯锡方面表示，他们一直在配合美国司法部门的相关调查，并早在 2019 年就宣布停止为其全球客户涉及阿片类药物的业务提供服务。但《纽约时报》透露，麦肯锡的高层曾讨论过销毁相关文件的可能性，以免被卷入官司。相关报道让麦肯锡深陷丑闻中心，更有网友直接称麦肯锡是"杀人公司"。

　　客观来看，在我进入麦肯锡的时候，它其实在全球只有几百位合伙人，互相之间是比较熟悉的。但现在麦肯锡的合伙人很多，范围也很广，管理起来难度很高，有时容易出现问题。

　　麦肯锡的初心是，相信合伙人会做出正确的决定。因此，其对于合伙人的管理是很松散的，麦肯锡把他们当成真正的合伙人来看待。2007 年，我作为一个合伙人是需要购买麦肯锡的股份的，所以合伙人就是麦肯锡的股东，这既意味着权利，也意味着义务。

当有大量合伙人存在时，麦肯锡没有一套比较完善的体系去管理他们，就可能会出现问题，包括一些丑闻。随着麦肯锡的发展壮大，给合伙人留出的"发挥"空间越来越大，有时候对于他们的所作所为，麦肯锡是鞭长莫及的。

就像当时的麦肯锡全球董事总经理，他不能直接去管理和指挥合伙人，也无法限制他们的行为，因为合伙人并不由全球董事总经理直接负责管理。他只能相信这些合伙人拥有正确的价值观，他们能做正确的事情。从这个意义上来说，合伙人中的某几个人走了歪路，就会影响麦肯锡的声誉。

但无论如何，在如此强调价值观的氛围中，公司绝大多数合伙人还是很正派的，这也是麦肯锡多年来屹立不倒的重要原因。

-5-

按照麦肯锡的惯例，做满两年的咨询顾问才可以申请成为项目经理，而我只工作了14个月，那位来自法国的合伙人便邀请我担任项目经理，算是进步神速。此外，我也是麦肯锡全亚洲晋升最快的合伙人：从初级分析师到合伙人，我只用了6年。

能进入麦肯锡的人都是很聪明的，而我并不算特别突出。那么，为什么我会受到那位法国合伙人的特别关注呢？为什么我又会成为麦肯锡全亚洲晋升最快的合伙人呢？

有两点原因。第一点原因是，我能意识到不同客户群体的真实需求是什么，我也懂得合伙人对项目的需求是什么，而且还能适当表达自己的看法。在这方面，我自认为是比较有经验的。

第二点原因是，我进入麦肯锡的时候年纪比较大，法国合伙人觉得我有一种饥饿感。在麦肯锡有个说法：如果你希望一个年轻人有饥饿感，你就让他晋升到自认为能力还达不到要求的岗位上。我由于比不少初级分析师年长，对晋升的渴望也远远强于他们。

这位法国合伙人可以说是我职业生涯中当之无愧的"伯乐"，他给了我很多帮助。但我认为，在麦肯锡的个人声望不是建立在与不同合伙人的关系上，而是建立在个人的实际能力上，合伙人也都青睐那些有能力且专业的人。

因此，个人声望需要通过项目表现出来，如果你的研究深入、意见专业、沟通能力强、与客户的关系良好、了解客户需求，就表示你有比较突出的专业能力和基础。这些都与个人声望直接相关，也决定了你的职业发展速度。

一直以来，我都认为只有对一个事物足够了解，你才能说自己足够专业。在麦肯锡，有很多十分聪明的人，他们可以从金融转向零售，再从零售进入高科技，看起来他们什么行业都能做，但是就我看来，他们对行业的了解度是存在疑问的。

当你对一个行业不熟悉的时候，你其实无法与客户进行有效的沟通。我完成了第一个项目、第二个项目……直到第五个项目，才感觉自己算了解了这个行业，从而对这个行业的很多问题做到了心中有数。一切的关键，就是你要做好定位，让自己深入某个领域。

晋升到合伙人的职位后，就意味着已经做了几百个项目，对项目的看法可能会比客户还全面，因为已经经历了很多案例。例如在服务中国信托时，我可以用自己在中国平安和诺亚的经验来解决他们的问题。即使是一个中高级的公司主管思考的问题可能都没有我多。

我始终坚信，一个顾问的声望基于其对一个行业了解的深度。所以我当时就意识到，不管是金融、财富管理还是其他领域，我都需要做到足够专业，才能让客户信服，从而建立个人声望。

因此，我一直以来奉行的就是认定一个行业，深度钻研。我也十分建议刚刚毕业就踏入麦肯锡的年轻人要有这种意识。被大公司邀请做顾问，并不说明你可以放松自己，因为麦肯锡和其他咨询公司一样，如果合伙人认为你对客户没有价值，他就不会选择你加入他的项目。

作为顾问，你最需要做的是重复做同一类型的项目，不断接受磨炼和学习，加深对某一行业的了解，在一个特定领域建立专业壁垒，只有这样，你的声望才能建立起来。如果东一榔头西一棒槌，什么都做，什么都不专业，那是很难取得成功的。

- 6 -

在纽约当律师的那段时光，我并不开心，之后的创业也是无疾而终，但在麦肯锡这 14 年，我确实比较适应这份工作。

我在 14 年间曾两次提出辞职，其中一次是在我成为项目经理之后，我跟太太的婚期将至，我不想再飞来飞去地奔波，于是递交了辞呈。

当时花旗银行给了我 offer，我有机会直接从麦肯锡的项目经理成为花旗银行对公业务的亚洲首席运营官，这个 offer 看起来很有诱惑力。

我打算离开麦肯锡了，就干脆在圣诞节与太太一起到澳大利亚度假。我太太问我：是不是真的要离开麦肯锡？她了解我的性格，而且她既在麦肯锡当过顾问，也在花旗银行工作过，她认为我肯定不会喜欢花旗银行的工作。

根据太太的分析，麦肯锡的环境可以让我发光发亮，因为我可以做自己喜欢做的事情，还有机会说出自己的想法和意见，而花旗银行的办公室有着某种"政治文化"，像我这样的人肯定很难适应和管理这种文化。

最终，她说服了我。当然，也是麦肯锡的价值观以及让个人价值得以实现的工作氛围更吸引我，让我留了下来。我不后悔。

当然，这些年的工作其实是很辛苦的。像我在做初级分析师的时候，每周日晚上都要飞到客户的所在地，花 4~5 天的时间在客户的公司进行考察。比如我去台北的话，至少要保证周一早上落地。通常我只有周末中的一天在家。当我单身的时候，家里是没有床的，因为一周5~6天都住在酒店。在家的时候，我就在客厅的沙发上将就一晚。那时大部分的时间都在工作，留给自己的时间很少。

尽管我做了很多项目，也逐渐获得了外界的认同并建立了口碑，职业发展看起来一帆风顺，但我也曾多次遭人质疑、指责。

有一次，我要去服务台湾地区的中国信托，其中一个项目跟保险有关，但我对保险并不是很了解。这个项目的经理曾是我入职面试时6位面试官中的其中一个，他不是很喜欢我，并且说话比较直接，当他不满意的时候，他会直接提出批评。

有一天他突然打电话来，第一句就是"Kenny，你为什么这么蠢"。我当时很诧异，因为我觉得自己在那个项目中做得还不错。当我面对这种指责时，第一反应并不是回击，我觉得自己还是需要保持麦肯锡人的专业性。面对这种质疑，我咬着牙，语气平和地问他：发生了什么事情？有什么需要改进？

还有一次是我作为项目经理为中国平安服务时，我上面有一个副董事，是一个体型健硕的拉丁美洲人。他的情绪起伏一般比较大，我和他在给客户的建议上出现了比较严重的分歧，于是在电话会议中，我俩对骂了起来，互相指责对方不够专业。我当时十分生气，留下一句"你太愚蠢了，我不想再跟你交流了"，就挂断了电话。

当时我已经任职项目经理一年半的时间，按照正常程序来说，我很快就可以升到副董事的位子，正处于一个比较敏感的时期。所以挂完电话后我有点担心他会跑到法国合伙人的办公室向他投诉。

于是我先发制人，打电话给法国合伙人，告诉他我刚刚骂了那位副董事，公司可能要把我开除，我得先跟他说声再见。法国合伙人则回答：你先不要说辞职的事情，我先打电话给那位副董事，了解一下这件事情的具体情况。

他立即打电话给那位副董事问："听说你刚刚跟 Kenny 吵架了，发生了什么事情？"没想到，那位副董事回答："没有啊，我们关系很好。Kenny 工作很不错啊，我很喜欢他。"这样的剧情转折，让我们都哭笑不得。

不过从这几次经历中，我也体会到，人的情绪总会有波动，这是正常的。再者就是美国人很喜欢即时表达自己当下的想法，而且很直接，没有弯弯绕绕。很多人不是这种行事风格，他们很难将自己的真实观点表达出来。

麦肯锡的这种价值观对我此后的职业生涯影响很大，不管在什么时候，我都很愿意说出事实和真实的想法。但是随着年纪的增长，我的沟通方式会变得更加温和、更加圆滑一些，不会再像以前那样简单直接。我想，这也是一种成长吧。

- 7 -

在担任初级分析师的短暂时间里，麦肯锡教会了我两点。第一点是，对每件事情都要有自己的看法，一定不能随波逐流。麦肯锡看重那些能独立思考、有自己独特见解的人。

第二点是，对于遇到或者合作的很多人，你要"投注"。那位法国合伙人告诉我，要懂得投资关系。一个人今天是与我一样的顾问，15 年后可能就是某家公司的 CEO。人与人之间的关系是长久的，切忌功利和交易性。每一次发展起来的关系就像是一个点，我要做的是经营好每一个点，然后串连成线。

事实上，许多我早期的合作伙伴直到今天仍然和我有联系，他们在我以后的职业生涯中也帮了我很多。

比如，我与顾敏就很有缘分。2002 年顾敏在中国平安做中后台主管时，我曾帮助他在湖州市做试点。也是由于我与顾敏的关系，微众银行与 Two Sigma 现在也有业务往来。

还有一位我服务过的台湾客户，他后来去了诺亚当首席运营官，也正是他引荐我结缘诺亚的。我还服务过招商银行，他们之所以找我，是因为听说我曾为中国信托服务过，我这才同招商银行建立了合作关系。

在麦肯锡做的各种项目，让我认识了亚洲金融界许多顶尖的 CEO。人脉关系网的建立，就是在这种合作过程中实现的。你一开始并不清楚这些人未来会和你有哪些交集，但只要你投资好了每段关系，未来往往会有意想不到的风景等待着你。

第6章

麦肯锡秘诀

心得总结   *

沟通需要技巧：人与人之间的沟通不仅需要逻辑，而且需要情感，认真聆听、懂得对方的想法并反馈同样重要。

敢于提出异议：麦肯锡有一个独特的价值观——提出异议的义务，即每个人都有义务说出自己不同的观点。因为大家的最终目的都是解决问题，所以只要对解决问题有帮助的建议都可以提出来。

永远服务龙头企业：麦肯锡的品牌定位，取决于我们曾经服务过什么样的客户。所以，永远服务头部企业是我们的信条。当然，非常有潜力的企业也可以被定义为头部企业。

工作需要意义：顾问的工作看起来可能

有点无聊，让人烦闷，但当你找到这件事情背后的意义且能感同身受时，你就不会觉得工作只是工作了，因为它是一份事业。

请求原谅，而不是请求允许：对于一个新的想法，如果唯唯诺诺非得等到上司批准后再去动手验证，可能时间就被耽误了。所以，与其请求允许，不如先干起来！如果结果证明你的想法是错误的，那么及时主动请求原谅。

- 1 -

麦肯锡作为顶级的咨询公司，在全球许多国家和地区设有分公司，其顾问大多毕业于常春藤联盟等世界知名高校，人脉网络十分强大。由于世界 500 强企业的很多 CEO 都在麦肯锡工作过，这里因此也被视作"CEO 的摇篮"。

许多像我这样一开始不懂管理知识的年轻人，在公司工作了几年后就成了咨询专家，甚至可以独当一面。许多人都想知道麦肯锡的秘诀是什么。

我认为，麦肯锡之所以可以这么成功，是因为其内部有一套与众不同的管理方法。我希望在这里把麦肯锡的秘诀分享给读者，内行可以看门道，外行可以看热闹。

不晋则退是麦肯锡的人才管理政策。这个政策不是麦肯锡独有的，很多企业也实行类似的末位淘汰制度，但它们是根据业绩来决定员工的淘汰与否的，麦肯锡则与此不同。

麦肯锡每半年会对顾问和项目经理进行一次集体评审，针对合伙人的评审则是一年一次。每个顾问都有自己的发展导师，初级分析师由自己的导师进行评审。与初级分析师或项目经理不同，合伙人由其他区的合伙人评审。

导师在评审顾问前，会向半年内跟这名顾问共事过的同事了解其工作情况，包括他的工作态度、工作成果等。导师一般会询问 10~20 名员工，涵盖自合伙人至同级别顾问等多个级别，这样可以 360 度全方位地了解被考核的顾问。导师们会根据访谈内容撰写一份员工考核建议备忘录送至评审委员会，最后由评审委员会对顾问进行区间为 1~5 的评分，最差的 10% 会被辞退，并且公司不会因为业务繁忙而选择性地放宽辞退标准。

在我还是初级分析师的时候，一般评分都在 4~5 分，所以并没有被辞退的压力。反倒是在刚刚成为合伙人，面对需要被辞退的员工时，我常常不知所措，事情做得并不漂亮。

我成为合伙人之后，有一次调查完一名员工的情况，决定辞退她，并初拟了一封说明辞退理由的电子邮件。我本来想把它发给另一位合伙人，却不小心发给了那位即将被辞退的员工，邮件又无法撤回，当时真的非常尴尬。

这是我第一次尝试辞退一名员工，当时自己也很年轻，事情处理得确实不太妥当。当时那名员工在我的办公室里哭了很久，面对已经非常激动的她，我竟然只是重申了一遍辞退理由。我以为只需要把事实和逻辑再分析一遍就可以解决这个问题，现在想想真是十分天真。

很多年后，回想起当时的情景，我才明白，其实当时那名员工已经听不进任何事实和逻辑了。她需要的是沟通，需要有人聆听她内心的想法，而非冷冰冰地摆事实、讲道理。即便确定要辞退她，也至少要让她感觉到，这是在认真听取了她的想法后做出的决定。

这件事情对我来说是个遗憾，也正是这个遗憾让我开始意识到，辞退一名员工是一件很严谨的事情，在这个过程中，必须做到全面访问，不能只听一面之词。

2008年，我成了评审委员会的主席。评审委员会共有十几位合伙人，每位合伙人负责评议5~6个顾问。他们在会议上根据搜集的资料进行评分，同时必须说出评分原因。这个原因基于合伙人对每名员工的工作事实的访谈所做的记录。

当时有位合伙人没有对员工做详尽调查就直接打分了，结果遭到了其他合伙人的质疑。我当时立马对这位合伙人说："你这份报告不够完整，请你立即离开这个会议室，向每个与这名顾问共事过的同事电话咨询以后再回来！"

我会这样要求，与麦肯锡的严谨作风息息相关。麦肯锡会认真对待每一名被考核的员工，不管这名员工的导师有多资深，只要在评分之前没有进行过全面的调查，都不可以轻易辞退员工。这既是对员工本人负责，也是对公司负责。

作为顾问，在这种机制下工作会十分安心。因为这个评审机制非常严谨，只要你把事情做好，你就不用担心自己的前途，更不用为了留任而去拍谁的马屁。所以，尽管我年轻时会有莽撞的行为，但在麦肯锡工作也不用特别担心，因为公司对我的评分并不会因为我在工作中与个别同事发生冲突而受到影响。我们每个人都是被 360 度全面审核后再被评分的，我不敢说 100% 客观，但肯定能杜绝一面之词的影响，总体来看还是非常公正的。

如果一名工作出色的员工评分较低，那就说明评审制度不够严谨。这种制度会导致员工的工作动力严重不足，而且还会影响公司的文化，导致公司留不住人才，从而丧失核心竞争力。从这个意义上来说，麦肯锡也是严谨制度的受益者。

值得一提的是，这种类似末位淘汰的制度，其实许多公司都有，但在实际执行过程中，往往会有弹性，也给了排名末位的员工一定的腾挪空间。尤其是在公司业务繁忙时仍要淘汰部分员工，这其实是件很难的事。但麦肯锡的制度执行起来没有任何讨论空间，不会让其流于形式，这是它最大的不同。

其实，公司之间的差异，往往就在于是坚持自己的制度和价值观还是让其流于形式。坚持，正是麦肯锡的成功之道。

- 2 -

麦肯锡的评审工作，让我更加注重与员工的沟通方式。前面提到过，因为沟通方式欠妥当，我让一名员工受到了伤害，尽管这不是我的本意，但也让我接受了很大的教训。

麦肯锡的员工各有所长，有些员工被辞退，并不代表他们不优秀，或许只是他们的能力与公司需要的能力不匹配而已。所以在辞退员工的过程中，一定要沟通清楚，而不是一味贬低对方。

批评其实是一门学问。因为直接批评别人，不容易被接受，所以我们可以采取一种策略，即先赞美再批评，也就是所谓的"三明治法则"——面包代表着赞美与鼓励，肉代表对员工的批评与建议。

以前的我会把员工的所有问题罗列出来，告诉对方问题出在哪里，应该怎么改善。后来，我开始学会先赞扬对方的长处，再说还有什么需要改善的。这样的沟通方法可以让批评更容易被人接受。人与人之间的沟通不仅需要逻辑，而且需要情感，认真聆听、懂得对方的想法并反馈同样重要。

今天的我，如果再次面对被辞退员工的哭泣，我的做法会截然不同。首先，我明白哭泣代表着委屈，一般情况下委屈来源于自己的期望和现实之间的落差。所以我会与她进行深入的沟通，了解她的期望和现实之间的落差具体在哪里。

其次，等她感到自己的意见受到尊重后，我会再表达我的想法，告诉她辞退的决定是基于她的职业生涯规划做出的，她目前的情况不适合在麦肯锡发展，她可能在外面可以发展得更好。这样的沟通方式会比直接说出对方不好的方式更容易让人接受。

何况，很多艺术的表达方式并不代表虚伪。即便麦肯锡要辞退人，你也不能说被辞退者一定有什么问题，可能只是他们在现阶段不匹配麦肯锡的需求，并不意味着他们不能在其他地方发光发热，更不意味着他们比我们留下来的人差。树挪死，人挪活，这是基本的常识。

　　只有认识到这一点，我们才能真正尊重每个现在或曾经在麦肯锡工作的人。我们尊重他们，也是在尊重我们自己。

- 3 -

　　从这样严谨的人才评审机制可以看出，麦肯锡真正做到了任人唯贤。麦肯锡看一个人，看的是能力和努力，而非出身、家庭背景、和领导的关系等这些外在的东西。

　　在麦肯锡的发源地美国，大部分合伙人出身中产阶层家庭，也就是普通人家。麦肯锡的人才选拔机制，给普通人家的孩子提供了一条上升的通路，让真正优秀的人才能在咨询行业崭露头角，甚至进入其他行业成为各个领域的栋梁。

　　正如麦肯锡的信条所言——为优秀人才创造无与伦比的环境，公司非常注重提供能让人才最大限度地发挥潜力、最快成长的环境。不晋则退的人才管理政策看似残酷，其实体现了追求极致的专业主义：一种追求成为专家，以专业力求生存与发展的作风。

　　麦肯锡认为，要想在这个飞速变化的时代生存和发展，打造他人无法超越的核心竞争力，每个人唯一的依靠只有专业。每个人都必须成为难以替代的专家。平庸往往导致失败，平庸才是市场中最危险的策略。聪明人能认识到这一点，并尽量避免平庸。

　　我在沃顿商学院时特别采取的差异化策略，也是一种避免平庸的手段。来到麦肯锡后接触到的不晋则退的人才管理政策，其核心也是为了避免平庸，包括公司的平庸、客户的平庸，以及个人的平庸。

　　特别是对一个没有产品，主要资产是人的企业，避免平庸是非常难能可贵的。据说曾经有人建议，为了更快地获得大客户，公司应该大量雇用各类"二代"，这样不花一分钱，就有生意做。但麦肯锡没有为此放水，不管是谁，都要经过一样的人才选拔、评审程序，没有例外。在如此公正、严谨的人才管理制度下工作，真正优秀的人才就能放开手脚，而麦肯锡和客户也能避免平庸。

　　真正好的顾问，是有口碑、有情怀、有格调的手艺人。在麦肯锡的培养机制下，每一个"领导"都从初级分析师或者咨询顾问开始做起，在一整套晋升机制的激励下，最终走上各自的职场快车道。

　　很多人说过，决定一个人职业满意度的东西，其实并不是公司的招牌，也不是职位待遇，而是你周围的 5~10 个人，包括你的直属上级、常常共事的平级，以及离你最近的下级。在这几个人里，如果能有全力支持你的导师、默契的战友，以及顺手的得力干将，你就是职场中最幸福的人。

　　在麦肯锡，公司的专业氛围和公正、严谨的人才培养模式，让人才获得这种幸福感的可能性大大增加。在员工迷惑和动摇的时候，团队会以不同的方式拉他一把，每个人都有可能互相成就。在这样一种环境中，真正优秀的人才不会被埋没。

- 4 -

　　除了别具一格的人才管理制度，麦肯锡的另一个特色是它独特的价值观——提出异议的义务，即每个人都有义务说出自己不同的观点。因为大家的最终目的都是解决问题，所以只要对解决问题有帮助的建议都可以提出来，不管你是资深的合伙人、项目经理还是初级分析师。

　　但是，在现实的职场中，如果你是比较年轻的初级分析师，你很有可能不敢表达自己的观点，总觉得其他人比自己有经验，他们的建议会更可靠，别人也不会听从自己的建议。作为麦肯锡人，如果在讨论时你不敢表达自己的观点，那么你就犯错了。因为你有不同的想法却没说出来，这可能给公司和客户带来损失。

　　麦肯锡认为，你在任何时候都应该把自己的观点表达出来，这是你的义务。注意，是义务，而不是权利。

咨询顾问的重要价值，在于能够坚持独立观点，代表第三方的立场、态度和价值。在麦肯锡全球的许多办公室门口，都会看到一面墙上刻着公司的使命，时刻提醒着每一名员工：麦肯锡的使命是帮助客户获得卓越的、持久的和实质性的业绩提升，以及打造一个吸引、发展、激励和留存卓越人才的公司。

从整体上而言，麦肯锡做的几乎每一件事，都是为了让客户变得更好，或者让人变得更好，或者两者皆有。不同的领导和团队可能有不同的行事风格和工作方式，但公司层面所做的决策大抵是为了这个目标。所以，每个人都有义务表达自己的看法，因为表达不是为了争论，而是为了达成使命。

在我的年纪和阅历逐渐增长后，我发现许多年轻人觉得老板说的话就是真理，就是最终的判断，这绝对是一个误区。最近，在 Two Sigma 的一个讨论会议里，有两位参与者来自麦肯锡，其他人都是 Two Sigma 的成员。当时我们在谈论关于产品设计的问题，我和一位麦肯锡的老同事发表了我们各自的观点。其他 Two Sigma 的同事觉得，我作为亚洲区 CEO 都开口了，那应该就是最终的结论了，竟然没有一个人反驳或者提出不同意见。后来那位麦肯锡的老同事告诉我，并不是所有人都了解麦肯锡或者我的做事风格，所以他们不会轻易表达其他意见。因此我需要事先声明，我所表达的观点仅仅是我个人的观点，任何人都可以反驳和提出不同意见。

麦肯锡人在听其他人发表观点时，都会抱着一种怀疑的态度，这种行事风格与其他企业的差异比较大。麦肯锡和 Two Sigma 都是很优秀的企业，但它们的企业文化不同，表达方式也不同，所以 Two Sigma 的同事不会轻易反驳我，这可能会令我们丧失一些看问题的角度。当然，Two Sigma 也有自己的成功法则，那是另一回事了。

- 5 -

在我刚刚晋升为初级项目经理的时候，我服务过台湾地区的富邦保险，当时我和团队的工作主要是为富邦保险建立一个风险管理模型。在某个周四的一场会议上，对方一位女主管问我："你为什么要这么早就离开台湾？"因为按照常规，我周一至周五都要在他们的办公室工作，而那次我选择提前离开。

为此，她开始怀疑我和团队的专业性与责任感。作为回应，我直截了当地跟她说："第一，给您的答复是经过我和我的团队认真商议后得出的专业建议；第二，我认为我们给出的这个建议是需要时间讨论的，您不需要关注我人在哪里这种问题。"

那时，我觉得她对我们甚至对麦肯锡都不太了解。她一直关注的是我有没有完成规定的 5 天工作，而不是我们给她的专业建议。当时的我年轻气盛，就跟她吵了起来。身边有一些比较年轻的顾问会感到诧异，认为我这样对待客户有些过分。

但我那时认为，提出异议是自己的义务。我有义务对对方提出的问题进行直接回应，我需要直接表达出来，而不是含糊不清。对那位高管来说，她指责我，对她和她的公司其实并没有什么好处，因为我们需要讨论的是公司发展的建议和问题，而不应该纠结于办公地点在哪里。

我如此行事，某种程度上就像被麦肯锡"洗脑"一样。麦肯锡主张每个人都有"提出异议的义务"，而我也对客户提出了异议，并且认为理所应当。现在想想，我对客户的态度其实有欠妥当，但背后体现出的麦肯锡价值观，是我至今都非常认同的。

如果希望做得更好，就应该做到"建设性地提出异议"——我提出异议是为了做成某件事，而非破坏某件事，也不是为了羞辱谁。我可以与你意见相左，但我不会用不尊重的语言和行为与你沟通，我们需要互相给予尊重。只有真正做到了这一点，才算掌握了麦肯锡的精髓。

我在 2002—2003 年服务中国平安时与张子欣打过交道。2000年加入中国平安前，张子欣曾担任麦肯锡管理顾问多年，后来成为全球合伙人，主要为亚洲各国的金融机构提供咨询服务。当时在中国平安深圳总部工作时，我对张子欣的麦肯锡式作风印象深刻。

由于张子欣也曾是麦肯锡的合伙人，对麦肯锡的工作流程和方法知根知底，因此是一个超级难服务的对象。

那时我还是一名普通的顾问，我和一位合伙人一起参加了张子欣出席的一场会议。会议开到一半，张子欣直接向合伙人发问：

"今天这个会，你能提供给我们什么价值吗？如果你不能的话，请你直接离开这个会议室。"因为那场会议进行得不是很顺利，张子欣说："会议开到这儿，我并没有发现你提供了有价值的建议和想法，我觉得你是在浪费我的时间。"

面对这种火药味十足的场景，作为一名职场新手，我很幸运地躲过了客户的拷问。但这件事让我记忆犹新，我一直在思考如何才能让客户满意，越来越明白什么叫"台上一分钟，台下十年功"。

在面对这种犀利的客户时，作为一名顾问，我需要一直思考我有什么价值，我可以为他们提供什么有价值的东西。如果你想表现突出，那么你需要学的东西真的很多。你的能力、你对客户公司的了解程度，以及你能提供对他来说不一样且有价值的观点，只有同时具备这几大要素，你才能成为一个比较合格的顾问。不然，很可能会出糗的。

当然，张子欣的直言不讳，不仅反映出他对麦肯锡工作模式的了解，也体现了麦肯锡一贯的价值观——提出异议的义务。而且，那次他是客户，提出异议很正常，但他直言不讳的风格仍旧让年轻顾问学到了很多。

麦肯锡有一条不成文的规定，即将资浅的顾问安排到一个高难度的项目中。在这种情况下，年轻顾问的收获和成长速度可能都是成倍增长的。因为在很多项目里，公司会要求资浅的顾问在资深 CEO 面前汇报。这种特殊的培训方式会逼着他们迅速成长。

除了让资浅的顾问去处理难题，像之前所说的，麦肯锡还会将年轻人安排到一些比较重要的岗位上，因为在公司看来，年轻人有饥饿感，会为了匹配这个岗位而加倍努力，在实战中又能学到很多东西，这无疑也是非常特别的人才培养模式。

- 6 -

麦肯锡建立自己公司品牌的方法也很特别。我们坚信，麦肯锡的品牌定位取决于我们曾经服务过什么样的客户。所以，永远服务头部企业是麦肯锡的信条。

在每个国家或地区，当我们进军新的市场时，我们会首先深入分析特定行业的企业，筛选出最好的企业。比如在中国大陆，当时金融业的领头羊之一是中国平安，所以我们想方设法建立了与中国平安之间的服务关系。又如在中国台湾，当时最有名的银行是中国信托，所以我们也会通过各种渠道去服务中国信托。

当然，麦肯锡对"头部"的定义，不仅仅停留在业务量级的层面，那些发展潜力巨大的企业、得到业内所有人认可的企业，也会被麦肯锡定义为头部企业，所以我们不会因为某个企业的业务量而忽视其作为黑马的实力。

比如，麦肯锡在 2011 年开始与诺亚合作。当时诺亚每年的营业利润仅有 1 000 万~2 000 万美元，从规模上来讲，麦肯锡是不会跟它合作的。但是经我以前的台湾客户的介绍，我认识了诺亚创始人汪静波，了解到了这家公司的潜能。诺亚当时的首席运营官也对我说："诺亚虽然刚在美国上市，但是个发展潜力很大的公司。"因为看的是长远收益，所以麦肯锡很快决定与诺亚建立合作关系。

麦肯锡愿意为客户投入时间，也愿意等待。比如服务中国平安，我们在 20 世纪 90 年代就与其董事长马明哲建立了长远的关系。中国平安可能在之后 10 年内都不会与麦肯锡发生业务关系，但你要让客户相信你对他是有帮助的，让客户了解到麦肯锡比其他公司更愿意投入时间和精力。

总而言之，为了建立自己的品牌，麦肯锡懂得坚持，既坚持服务头部企业，也坚持为客户投入时间和精力。如果只是服务刚起步的企业，而非服务头部企业，你很难有资格告诉其他企业自己懂这个市场。一旦锁定你看好的企业，你就一定要坚持下去，目光要放长远。

正是这些方法使麦肯锡在咨询行业中建立了声誉。其实这是一种双向的影响：麦肯锡通过服务头部企业建立了自己的品牌，企业也通过麦肯锡提高了自己的声誉。所以在某种程度上，我们也可以说，中国平安的成功部分归功于麦肯锡。当然，通过服务中国平安，麦肯锡也收获满满。

- 7 -

说了那么多案例，可能很多人想问：常年在麦肯锡从事高强度工作，如何在工作和生活之间取得平衡呢？说实话，这挺难的。

2003 年，我的太太也在麦肯锡工作，当时她是顾问，我的资历比她高一级。在麦肯锡工作的时候，我们基本上没有工作之外的私人生活。当时我俩的工作时间都很长，没有时间谈恋爱，如何找时间去谈恋爱，享受自己的私人生活呢？我们只好见缝插针。

当时我常飞上海，而她常飞北京，两个人都不在香港。我们能约会的时间段只有两个：第一个时间段是我太太周五从北京飞香港的飞机大概是晚上 9 点落地，而我也可以在差不多的时间落地香港，我俩就只能在从机场回家过周末这段时间约会；第二个时间段就是周日我跟太太会习惯性地回公司工作，中午一起吃午餐，然后晚上一起去机场，飞到各自客户所在的城市。

这种工作的压力确实很大，但不管你做什么样的工作，你都要知道做这件事的意义。我觉得在麦肯锡，很多工作和选择都具有重大意义，这也支撑着我一路走来，少有怨言。

比如，2011 年香港要成立一个财富管理协会，这个协会是由亚洲所有有名的私人银行组建的，目的是帮助它们在香港的发展。那个时候我也参与并推动了这个项目的实施，但当时这个项目对麦肯锡来说是亏本的。这些银行只给了麦肯锡 300 万港元来做这个项目，但麦肯锡还是接下了这笔看似亏本的买卖。实际上，麦肯锡认为这个项目对推动市场发展具有重要意义。随着亚洲私人财富持续井喷，推动亚洲财富管理行业发展显然是一个重要课题，未来也会对麦肯锡的业务产生帮助。

这个例子说明，顾问的工作看起来可能有点无聊，让人烦闷，但当你找到这件事情背后的意义且能感同身受时，你就不会觉得工作只是工作了，因为它是一份事业，有着自己的意义。

工作的时候，人需要去寻找自己所做的事情的意义。就像现在，资产管理要想有新的发展，一定要有新的元素，Two Sigma 就是要用科技、大数据等新手段来颠覆整个资产管理行业的传统认知。大家的努力并不只是为了赚钱，而是尝试促进市场和行业的发展，这才是工作真正的意义。只有找到这种意义，我们才能始终在工作中保持激情。

就像我一直认为的，诺亚并不是一家简单的财富管理公司，而是为开始积累财富的人提供一个专业的咨询平台。诺亚将一个高层次的概念拉回地面，这项工作意义很大。如果一个人每天的工作只是为了赚钱、攒钱、完成任务，只能有低层次的满足感，他的工作热情就很容易消失。重要的还是要看到事情背后的意义，这样才能推动你走得更远、走得更快。

此外，在麦肯锡有句话是"请求原谅，而不是请求允许"。对于一个新的想法，如果唯唯诺诺非得等待上司批准后再去动手验证，可能时间就被耽误了。更大的问题是，明明是一个开创性的想法，你的上司却并不一定理解和支持。所以，与其请求允许，不如先干起来！如果结果证明你的想法是错误的，那么及时主动请求原谅。

　　麦肯锡鼓励员工不怕做错，先斩后奏。请求原谅和特别嘉奖的机会各占一半。有勇气、有性格、敢于创造的人应该有点冒险精神，敢于为冒险承担责任。这背后反映出，麦肯锡十分相信自己的人才，相信他们的价值判断，也愿意为他们的失败买单。

　　因此，在麦肯锡工作的时候，我就像在一个更大的平台上创业一样，早就把律师这个行业遗忘了。我不仅获得了梦寐以求的接近 CEO 和商业决策的机会，还获得了无与伦比的事业感。

　　麦肯锡就是这样一家公司，它相信人的力量，让每个人的奋斗有了各种各样的意义。这应该是麦肯锡的另一个重要秘诀吧。

第7章

麦肯锡反思

心得总结　　＊　　　　管理老板：只有当你的老板没事干时，你才是成功的，因为你已经解决了老板的所有问题。反之，若你对项目的思考不够周全，就会被自己的老板指点，被"分派"工作，陷入被动，更别说想要发言权了。

　　　　培养从底层视角出发的领导力：我在麦肯锡时，会不断提醒自己，自己也是从初级分析师做上来的，很多方案需要考虑到其他员工执行时的难度，不能好高骛远。只有这样，才能赢得团队成员的认同，他们会认为你是务实的，也愿意为你努力。

　　　　充分重视利益相关者：团队是很庞大的，如果只把目光锁定在客户身上，你永远无法做出一个完美的方案。所以，我在麦肯锡参与每个项目时，都会列出所有的利益相关者，思考我的工作将会以怎样的方式影响他们，我如何执行才能发挥最大的影响力。

扬长避短： 既然我的 Excel（电子表格软件）制作技能很难赶上别人，那么我为何不把自己的时间和精力放在自己的长处上，把这些长处放大到足以被人识别？久而久之，我在大家的心目中就被定位为一个沟通和分析能力较强的人，形成了个人的差异化优势。

少动多想： 在会议中频繁点头的都是最年轻、资历最浅的那个人。当你参加一场会议时，要从更高的高度看待这场会议，不要让自己进入一个年轻分析员的角色。同时，你要减少自己的肢体语言，少动多想，这样才会让你看起来更资深。

不是每个人都要成为射手： 就像篮球队一样，不是每个人都要做迈克尔·乔丹，不同的人负责不同的位置就行。这个团队已经有一个很好的射手，那我应该做的，就是配合他完成投篮。各司其职，工作才能顺利开展。

- 1 -

市场上有这么一句话：如果你想离开麦肯锡，请先成为合伙人。初级分析师在市场上是不被认可的，更不会被认为是麦肯锡的人才。只有成为合伙人，你才有离开的资本。很多合伙人在离开麦肯锡后成了行业的顶尖人物，他们就是最好的榜样。

麦肯锡通过四个维度评估员工：第一，人（People），即团队成员对你的认可度；第二，知识（Knowledge），指你在某个行业或领域是否专业；第三，客户（Client），即项目客户对你的认可度；第四，办公室（Office），即你对整个办公室的影响力。

我在麦肯锡的职业发展相对顺利，一般员工至少需要两年才能成为项目经理，我仅用一年的时间就做到了。纵观在麦肯锡的职业生涯，有几个工作技巧助我前行。

第一个工作技巧，叫作"管理你的老板"。

这个技巧乍一看仿佛不太现实。作为一个员工，怎么能去管理自己的老板呢？这里的管理老板，指的是工作中的向上管理。这是什么意思呢？

作为麦肯锡的员工，一周可能有 6 天都在工作，一天平均18~20 个小时的工作时长，这让很多人觉得在麦肯锡工作非常辛苦。再加上每个员工都要面对一位"可怕"的合伙人，这些合伙人对一些工作催得很急，且要求很高，在他们那儿，时间似乎是无限的，而你也应该随时待命。

在麦肯锡流传着一个玩笑。当有人问"你的 deadline（最后期限）是什么时候"，他们会回答，所有的 deadline 都是昨天。这个玩笑的意思是，当你开始做的时候，就已经晚了一步。简而言之，工作中需要主动性和超前性，而不是被动等待。

在这样的工作强度中，我却应付自如，丝毫不觉得疲惫。我认为，我的动力来自"把自己当作老板一样去工作"。我永远要领先一步，每个项目都要比老板思考得更加深刻，把老板能考虑到的问题全部考虑进去。

在我还是初级项目经理的时候，我会思考我的老板是如何分析这个项目的。我需要让他感觉到，我比他想得更多，这样我才有发言权，对整个项目的进度更有掌控力。只有这样，我才可以自由安排自己的时间，充分施展我的想法，而非见招拆招、疲于奔命。

拥有发言权，是未来持续发展的关键一环。这就意味着要有主动意识和提前一步的意识，这样老板才会认可你、重视你。

只有当我的老板没事干时，我才觉得自己是成功的，因为我已经解决了老板的所有问题。反之，若你对项目的思考不够周全，就会被自己的老板指点，被"分派"工作，陷入被动，更别说想要发言权了。所以，你要明白，你感到工作辛苦，最重要的原因就是你被牵着鼻子走。

但需要注意的是，作为初级分析师，只需要知道自己的项目经理在想什么就好。如果你"越级"太多，总去考虑合伙人在想什么，这是很难的，而且不太现实。

因此，在很大程度上，你需要做的是了解你的直属领导，从而在不知不觉中使自己的工作和思考内容向前推进，这样在很多场合你才能有发言权，从而提出自己对某些问题的独到看法。比如，我现在是 Two Sigma 亚洲区 CEO，那我就会思考创始人在想些什么。不能将所谓的老板管理模式太过理想化，每个人"管理"

好自己的顶头上司就好。

- 2 -

其实，很多职场人甚至企业高管都存在一个错误的认知，认为自己只要做好本职工作就好了，不用处理和老板的关系，其实这是不对的。只不过，我们不应该只想着拍马屁，而是要把业务做好，为老板创造价值。

帮老板解决问题，尤其是紧急、重要的问题，会令老板对你刮目相看。从人性的角度来看，越是时间紧迫、事关重大的任务，老板的感性思维就越会占上风。平时在他眼里不出彩的下属，如果在紧要关头能跳出来支持他，他会永远铭记。

让老板感到惊喜，也是非常有价值的。如果你做了很多工作，但每件工作都只能算"苦劳"，平平无奇，老板可能很快就忘记了。当你的成功超出预期时，他一定会印象深刻，这就类似于互联网行业非常看中的用户体验，比如某位用户想要 A，你告诉他有 A+1，最后向他提供 A+2 时，他的用户体验一定极好。

此外，如果能让领导感到荣光，作为下属也可算是非常成功了。据说，国外曾有人力资源调查显示，老板对下属的需求里，有一条最重要的需求就是"希望下属做的事情能够让他脸上有光"，意思是老板希望下属做的事情能让老板的老板刮目相看，或者能让老板的同级认可，这会让他充分意识到下属的价值。

同时，我们也应该适当了解老板的行事风格。如果老板是个细节控，那么我们在写电子邮件的时候千万不要留下错别字；如果老板的个性雷厉风行，我们就应该加快任务执行速度，不要拖沓；有的老板喜欢"端着"，一般不和下属沟通，喜欢保持一定的距离感，这种时候，我们需要先管好自己的事情，然后在特定的场合对他的事情表达关切，设身处地地为他着想。

说了这么多，其实核心就是，凡事要比老板想得多、想得深，这样你的价值才能尽快凸显。在这个过程中，拍马屁是最低级的，高级的做法是展现自己的专业能力，让老板信服，也为公司、客户和个人真正创造价值。

- 3 -

说完老板的问题，再看第二个工作技巧，即培养从底层视角出发的领导力。

作为一个团队的领导者，要永远从团队的角度去思考问题。因为我自己是从底层一级一级升上来的，所以我知道有些领导提出的部分想法其实并不一定具有可行性。

如果你认为身为领导者，自己的建议都应该被落地执行，那么，相信我，过不了多久，你就会失去领导力，没有人会听你的话。

在麦肯锡时，我会不断提醒自己，我也是从初级分析师做上来的，很多方案需要考虑到其他员工的执行难度，不能好高骛远。只有这样，才能赢得团队成员的认同，他们会认为你是务实的，也愿意为你努力。

当然，说起来容易做起来难，一个人一旦走到了管理层，很可能就已经忘记了自己在执行具体任务时遇到的困难，更别说那些"空降"的领导了。这是很多领导的致命伤。

从基层做起、具备底层视角的领导，才能真正让下属信服。从基层做起的好处是，基层的许多事情确实繁杂、活多、人累，但这能帮助你熟悉业务，了解这个行业的一些基本知识。只有具备了这些底层架构，你在未来"指手画脚"时才不至于脱离实际，给人眼高手低的感觉。

更重要的是，只有吃过底层的苦，才能做出最优化的决策供人执行。这就是为什么许多最优秀的企业家都是从基层做起的。他们不仅具备战略眼光，而且具备战术执行能力，既能为员工指明方向，又能提醒他们脚踏实地。两相结合，决策才能兼具战略性和战术性。

或许正是因为具备了底层视角，我的领导力才能令人信服。所以，我很感激自己走过的每一步，每一步都是一个脚印，它们塑造了今天的我。

- 4 -

　　第三个工作技巧，就是要充分重视利益相关者。

　　我们在工作时，一般只会关注我们的客户在想什么，或者他们需要解决什么样的问题。但问题是，团队是很庞大的，如果只把目光锁定在客户身上，那么你永远无法做出一个完美的方案。

　　所以，我在麦肯锡参与每个项目时，都会列出所有的利益相关者——不仅仅是客户，还包括所有员工的关系、自己的工作关系、自己所负责的其他项目关系等。思考我的工作将会以怎样的方式影响这些事务，我如何执行才能发挥最大的影响力，从这些角度出发，才能高效解决问题。不然的话，你后续的方案可能根本无法执行，就算你自认为完美的方案得到了老板和客户的认可也无济于事。

　　这里必须提到的一个原理，就是许多人并不陌生的"二八法则"，又名"二八定律"，即20%的工作会影响到80%的结果，我们如何找到发挥关键性作用的那20%才是关键。在整个利益相关者的网络中找到了最具影响力的人员，你就可以找到影响80%的结果的关键点。熟练掌握"二八法则"，会使你的工作效率至少提升100%。

　　其实"二八法则"存在于我们生活、工作的方方面面。不管我们现在的差异有多大，我们所有人的最终归宿都是一样的——死亡，因此我们需要做的是，在这段有限的生命旅途中，用最少的资源获得最大的影响力。上帝给了你一手牌，不管你认为牌好还是牌差，你都要通过努力使这一手牌获得最好的结果。对我来说，做任何事情，都要想清楚，怎样选择、怎样做才能获得最大的影响力，否则只是在浪费有限的时间和生命。

但说实话，时时刻刻用这种利益最大化的思维方式去想问题，有时候也会很累，因为你会不停逼迫自己做很多事情，会希望付出都能得到回报。

不过，随着年龄和阅历的增长，"二八法则"的具体内容开始有了变化。比如，"回报"这个词的定义，对我来说是很广泛的。回报可以是升职加薪，但对现在的我来说，这类回报不再是首要考虑的。真正重要的是，我所做的事情对于对方有什么样的帮助和影响。比如一位朋友想要找我吃饭、聊天，我就会想，如果在这个过程中能够帮助到他，我所做的事情就是有意义的。

我们对"意义"的定义，在人生的每一个阶段都是不一样的。比如，许多所谓的成功人士都会花很多时间去谈他们的人生观等，因为在他们那个阶段，分享自己的经验和想法可以影响到很多人。对当时的我来说，服务好麦肯锡的客户，就是最大的意义。

最近这几年，香港发生了很多社会事件，不少香港年青一代对社会感到失望。我要做的，就是通过我的方式唤起他们的希望，让他们重新信任这座城市。大概就在前段时间，我在香港参加了一场慈善活动，目的就是帮助年轻人，这件事情对我来说意义重大，远胜升职加薪这类世俗事务。

通过在利益相关者的网络中找到最具影响力的人员，实现最大的影响力，一直是我非常重视的人生技巧。不过，"二八法则"里面只提到"最具影响力"，但是这个所谓的"影响力"具体指什么，则由我们自己来定。

- 5 -

通过自己总结出的工作技巧，我在麦肯锡取得了不俗的成绩，晋升为项目经理的速度也非常快，远远超出平均水平。如果别人问我有关当时自己的领导力问题，我第一个会想到在韩国的项目经历。

作为一个实习项目经理，我的第一个项目就是韩国的韩亚银行。整个项目的主要目的是制定韩亚银行的中长期战略，我们的客户是他们的首席财务官。

这次机会也是那位法国合伙人提供给我的，当时的我仅做了13 个月的咨询顾问就被任命为项目经理。本该因升职而开心的我却忧心忡忡，第一次负责项目，压力还是很大的，而且还要前往人生地不熟的韩国。

麦肯锡的一个团队通常由一个项目经理和两个顾问组成，但当时我带领的团队中有四个韩国顾问，并且其中一个顾问比我还年长些。一开始我心里十分忐忑，不知如何与他合作，毕竟他当时已经做了两年多的顾问，理论上应该由他来领导我们。

最初，他还是会表现得有些不快。他心中肯定会觉得，凭什么不是他这个更了解韩国市场的人来当项目经理，而我可能只是因为那位法国合伙人的赏识才获得了领导团队的机会。

我当时就与他沟通道："我们不要在乎谁是项目经理，因为我们的共同目标是完成这个项目。"我从来没有将"项目经理"这个职务当成了不起的东西，我也没有想要就此领导或者指挥他们，我试图跟他们拉近距离，让他们感觉到，我们都是在同一个平台上工作，重要的是我们的共同目标。

其实在很多情况下，当你拿到一个职位时，可能会有 20% 的同事觉得你名不副实。最好的处理方式并不是用你手中的权力去管理他们，因为没有人愿意臣服于你所谓的权力。

关键在于，我们需要表达，我们是同一条船上的人，大家都在做同一件事，开诚布公地承认互相都有优势和劣势，如何让"1+1 > 2"，才是我们要关注的。同时，在遇到问题时，不要遮遮掩掩，也不要把这件事当成自己一个人的问题，而是要开诚布公，让团队成员一起参与其中，讲清楚自己能处理的部分，以及自己能力达不到的地方。

现在很多领导者在这方面是很失败的，他们总觉得自己是万能的，什么都懂。这样反而让团队成员觉得领导者的领导力有问题，他没有发挥团队整体的实力。

麦肯锡的一位前掌门人曾经提出"3Q"的概念，他认为，除了EQ（情商）、IQ（智商），还有一个 RQ，即人际关系商（Relationship

Quotient）。以前的麦肯锡都是以 IQ 为主导，EQ 辅之，但后来他增加了 RQ，主要关注员工是否有能力建立与同事、客户、朋友之间的信任关系。因为不管是企业还是社会，都是由人组成的，成功与否的关键也在于人。就像我之前提及的，关键是软影响力，而不是用权力去强迫他人。

由于我们在韩国的共同努力，团队的合作出乎意料地顺利，我想这不仅仅是因为我通过表态与他们拉近了距离，也与我真正获得了他们的信任有关。这个信任并非来自我对韩国的了解，或是对韩亚银行的了解，而是出自我的努力融入。

没错，我就是这样一个非常希望融入环境的人。十几岁的我，就在努力融入加拿大主流社会；作为麦肯锡项目经理的我，又在努力融入客户所在的社会。

众所周知，韩国的工作氛围非常严酷，韩国职场人基本上不睡觉。我当时基本上从早上 7 点工作到次日凌晨 2 点，一天有 18~20 个小时都在办公室内和他们一起工作。有一天，我凌晨 2 点回到酒店，打电话订晚餐，结果服务员对我说："先生，这个时间点，您还是订早餐吧。"就这样坚持了一段时间，我竟然瘦了七八公斤。

语言和文化差异，也是我那次工作的难点。在韩国工作的时候，因为我是中国香港人，跟他们交流的时候只能说英语，所以他们会把我当成外国人。当时我需要使用一些方法，让他们感觉我是接地气的，不要让他们感觉我来自麦肯锡，会讲英语，而显得高高在上。

而我也 200% 地投入工作，就像是把自己的生命也"奉献"给了他们。所以，即使我们之间的沟通可能会有障碍，他们也会被我感染，慢慢认可我。就这样，我们的团队感出来了，我们也磨合得越来越好。

另外，我也尝试学习和吸收他们的文化，在文化方面融入他们。韩国人很喜欢做两件事情：抽烟和喝酒。我不喜欢抽烟，所以就只能跟他们喝酒。不管工作到多晚，我都要跟他们出去喝点酒。

一开始的时候，酒桌上是分开坐的，外国人一桌，韩国人一桌，仿佛有种井水不犯河水的感觉，但我很快就拒绝了这种安排。我跟他们说："虽然你们讲韩语我听不懂，但我还是想要跟你们一起喝酒。"他们觉得我是一个中国香港人，又不懂韩语，没有必要跟他们一起喝酒。我完全不在乎这些，直接就坐在他们旁边。他们喝，我就喝；他们聊天，我就安静地听着。

这种行为让他们觉得我愿意主动融入他们，我是一个十分接地气的"老外"。当时我的酒量很差，韩国人在饭局上喝得很多，我实在招架不住。但我的主动参与，让他们接受和认可了我。我现在依然坚信，就算我没有某些方面的才能，但只要我足够努力，最起码可以改善别人对我的看法。

令我没有想到的是，那次工作结束之后，韩国同事们给我寄来一封信。他们在信中说，感谢我跟他们一起完成了这项艰难的工作，感谢我的付出。其中一位曾经服过兵役的韩国人还在信中说，他十分尊重我，把我当成了他的兄弟。虽然大家在一起工作只有 6 周，但仿佛已经相处了一年。

现在回想起在韩国工作的时光，我仍然感叹于那严酷的工作氛围，这种工作强度是我不能长久承受的，尤其是对身体健康有严重影响。但也正是因为我经历过韩国的这种高压工作，当我面对其他同事的询问时，我的经历会更具说服力。

麦肯锡的副董事曾说过一句话：那些杀不死你的经历，最后将会帮助你。我坚信这句话，不管那些项目有多难搞，只要搞不死我，我就肯定会在那些艰难的经历中有所收获。

现在回想起来，一个来自中国香港的刚升为初级项目经理的小伙子带领四个韩国顾问完成了韩国的项目，这样令人印象深刻的经历，应该很难再次体会到了。

- 6 -

成为正式项目经理后，我接手了中国平安的项目。在这个过程中，我用上了从底层视角出发的领导力和充分重视利益相关者等工作技巧。

这个项目是和中国平安的高级主管顾敏一起，合作完成一个中后台的改革计划。在我的印象中，顾敏十分聪明，而且深受很多人的信任。从"二八法则"出发，我当时所有思考的出发点，几乎都是"怎样帮助顾敏"和"站在顾敏的角度思考问题"。我希望把所有的巧劲都用到对顾敏有价值的事情上。

当时我们花了很多时间在一个三线城市做试点，在这个过程中，我不仅花了很多时间去学习保险的流程，对流程进行改进，而且还要思考各个利益相关者之间的关系，同时兼顾整个方案的可执行性。其实很多人都想集中中后台，认为这是个缩减时间与成本的事情。但是很少有人意识到，这个计划真正落地需要考虑多个维度，计划要务实，这并非易事。

在服务台湾地区的中国信托时，我则充分运用了管理你的老板的工作技巧。

相比服务韩亚银行时一起战斗的那些韩国顾问，以及服务中国平安时搭档的高级主管顾敏，中国信托这个项目的服务对象黄先生可能对我的专业度和服务能力要求更高。

当时 50 多岁的黄先生是中国信托的资深高管。中国信托的银行零售业在台湾地区十分有名，作为初级分析师的我，竟要帮助这个行业巨无霸思考如何改革财富管理业务，这听上去就是个很大的挑战。当时的我每天都在"头脑风暴"，想着如何获得他的信任，"管理"好他——这时客户就是我的老板。

很多员工都把自己定位成专家，不断向客户输出自己的观点，对此我不敢苟同。我首先当一个倾听者和观察者，花了大量时间去聆听。当时我大部分时间待在黄先生的办公室里，力求了解他目前的工作难点，搞清楚我需要解决的痛点是什么。

一开始，他觉得我很奇怪，搞不明白我为什么一直要和他约谈。直到接触多了，他才感觉到我是发自内心地想要了解他们，于是我们之间逐渐建立起了信任关系。由于我待在中国信托办公室的时间甚至比许多中国信托的正式员工还要长，他们还开玩笑说，要给我发一个员工证。

正是在和黄先生的多次沟通中，我了解到团队中谁是方案的最终执行者，谁是最具影响力的人。这是非常重要的，它关系到你的建议是否可以真正落地。实际上，职务最高的人并不一定是团队中最具影响力的人。我通过管理你的老板和充分重视利益相关者等工作技巧，最终让自己的建议落地，感觉颇有成就感。

此外，在工作中学会模仿他人，也是我在麦肯锡工作时培养出的重要能力，即观察你信任的人，学习他是如何做事的。所以，不管是在麦肯锡还是其他地方，我都会找一个我很尊重的人，学习他与别人的沟通、相处之道，或者是他处理工作的方式。

当然，如果你有一个信任的导师，那就更好了。这个导师可以是你身边的任何人，他的某一句话或许会打开你的心结，让你醍醐灌顶、受益匪浅。

我刚去台湾的时候，普通话不好，总是感觉在沟通时底气不足，因此跟黄先生汇报的时候经常使用英语。黄先生就问我："你是香港人，是中国人啊，为什么跟我讲英语呢？"我当时很尴尬，坦承自己的普通话讲得不标准。

他跟我说："不管你讲得多不好，中国人就要讲普通话。"其他同事告诉我："你不用太担心，中国有很多方言，广东人讲普通话会有广东口音，台湾人讲普通话也有台湾口音，你不要想太多，尽量忽视口音的问题，要敢说。"真是一语惊醒梦中人啊！

在客户、同事、领导这些我信任并尊重的人的帮助下，我真的学到了太多东西。有些时候，哪怕只是一个很小的提醒，可能都会让我受益匪浅。所以，一定要善于模仿他人，学习他人的优点。我在工作中总结出的那些技巧，也有许多师从身边的人。

三人行，必有我师焉！

- 7 -

说完了在工作中总结出的一些技巧，不妨再谈谈我的一些反思。其中有不少案例，虽然谈不上是非常惨痛的教训，但也非常值得后来者引以为鉴。

第一个反思是，放弃你的短板。

麦肯锡对初级分析师能力的评估，有一套体系，包括四个能力：Excel 制作技能、PPT（演示文稿）制作技能、沟通能力和解决问题的方法论。

在校园里，我一直比较注重自己的英语和沟通能力，数学能力稍逊一筹，这也导致我对数字并不敏感。进入麦肯锡后，我很快发现，自己的 Excel 制作技能与其他初级分析师相去甚远。当时所有的初级分析师会相互比较：一个人只有能够摒弃鼠标，完全用键盘来控制整个 Excel 的流程，才能说明他的 Excel 制作技能很强。

但我总是很依赖鼠标。每次制作 Excel 时，我都会手握鼠标，在屏幕上点来点去，看起来有点笨拙。因此，他们嘲笑我："Kenny，你的 Excel 制作技能真的很差。"

其实，这个劣势对一个初级分析师来说非常致命，因为很多初级分析师的工作并不是和客户沟通或者解决很难的问题，而是要做很多比较烦琐的 Excel。刚加入麦肯锡时，相对其他初级分析师，我的年龄已经偏大了，最常用的 Excel 制作技能也不如人，这让我很焦虑。

有些人可能熟悉"木桶效应"，也叫"短板效应"：一只木桶能盛多少水，并不取决于最长的那块木板，而是取决于最短的那块木板。对个人而言，劣势部分往往决定一个人的能力和水平。所以很多人都会下意识地补足自己的短板，但这些短板很有可能是自己生来就欠缺的，可能无论花多少力气去补都技不如人。

我当时的反思是，既然我的 Excel 制作技能很难赶上别人，那么我为何不把自己的时间和精力放在自己的长处上，把这些长处放大到足以被人识别？所以，在一个项目中，我会很坦白地告诉别人，我的 Excel 制作技能不行，但我的分析能力还不错，我会拆解整个问题并慢慢分析给客户听。

由于我采取了这种扬长避短的策略，因此很多合伙人认为，我相对于其他初级分析师是有差异性的，他们会把一些数字化的工作交给数字分析员，而把与客户沟通和交流的工作留给我。

　　久而久之，我在大家的心目中就被定位为一个沟通和分析能力较强的人，直到我离开麦肯锡时，我的很多同辈和朋友都夸赞我的沟通能力，认为我能把很多问题分析得非常透彻，并深入浅出地讲给客户听。

　　有时我想，大家或许有点谬赞了，主要是因为我的其他能力相对逊色，所以才会下意识地突出自己的优势，从而掩盖短板。但话说回来，这种从少年时期就有的差异化思路，对我的发展一直颇有裨益，也是我希望分享给各位读者的个人心得。

- 8 -

　　第二个反思是，人要勇于克服一些外在的干扰，比如困扰我的童颜问题。

　　许多人或多或少都因为自己的外貌产生过困惑，不太在乎外表的我，竟然也没能躲过这个坑。我的长相偏年轻，看上去总是会比实际年龄小一点。你可能会觉得我在"凡尔赛"，但看起来年轻，在职场中往往不是什么好事。

　　在麦肯锡的头 5 年，因为长相年轻，我一直挣扎在不被信任的边缘。我们的服务对象是各大公司的高管，而我是初出茅庐的顾问，本就没什么经验可言，长得年轻只会让自己看起来更加没有说服力。

　　我在这些 CEO 的眼里就是个"小朋友"，他们怎么可能会听我说话，更别说采纳我的意见了。每当别人对我说"Kenny，你长得太年轻了"，我的第一反应就是：我要怎么改变长相呢？就算我头发白了，看起来还是比较年轻呀，那我有什么办法？

　　为了摆脱童颜的困扰，我开始熬夜看视频，关注那些年轻的初级分析师如何在会议上表现。我想起高中参与辩论赛时一位教练曾告诉我："一个人说话太快，会让别人觉得没有智慧。那些有名的政客，说话都比较慢。"他还给我举了个例子：一个人很快地讲"今天天气真的很不错"，而另一个人放慢语速说"今天天气……真的……很不错"，后者会让人感觉到，他说这番话是有所思考的。

　　意识到这个问题后，当我在和客户讲话的时候，我会下意识地放慢节奏，适当展现"思考的智慧"。

　　放慢语速只是成熟的表现之一，停下来更能体现一个人的修养与沉淀。当你愿意停下来倾听别人的意见时，你就又进了一步。当然，你要注意自己倾听的姿态。你是否在大佬发言时频繁点头，仿佛这个动作可以迅速拉近你与发言人的水平。如果你这么做，那可就大错特错了。在会议中频繁点头的都是最年轻、资历最浅的那个人。当你参加一场会议时，要逐渐达到一种"他我"的状态，即从第三方或上帝视角看待这场会议，不要让自己进入一个年轻分析员的角色。同时，你要减少自己的肢体语言，少动多想，这样才会让你看起来更资深。

当然，以上都是些表面的东西，在职场上真正说服别人、赢得尊重的还是自己的专业水平。无论参加任何会议，都要提前做好准备，让自己成为最懂的那个人。记住，运用知识说服别人才是真正的成熟，也是克服童颜困扰的最强大工具。

- 9 -

第三个反思是，要做一名"有温度"的顾问。

在工作中，我有点强迫症——总想尽快把手头的工作做完，所以别人总说我是结果导向型。在麦肯锡全方位的顾问评价体系中，我发现大家对我的工作方法褒贬不一。对我的老板来说，一个高效完成工作的员工当然是个好员工；对我的下属来说，只注重把事情做完，不注重过程以及团队体验，这可不是个完美的领导。

一开始，我很纳闷，我的老板很喜欢我，我对客户的服务也很到位，这不正说明高效工作是一件好事情吗？直到后来，我才意识到，其实一个项目存在多个维度的评价指标。除了提供好的解决方案这个硬性指标，还存在很多软性指标。

在整个项目中，我不仅要给出完美的解决方案，而且要处理好自己与多方的关系。在团队合作中，需要合理安排下属的工作时间、精力分配，及时注意到团队成员的负面情绪，而不是始终以"自上而下"的视角工作，一味发号施令。

维护好与客户的关系同样重要，不要总是把自己和客户处成"交易型关系"。

在一次参加韩国项目时，我需要在会议中向客户提出关于一些资料的需求。于是一见面，我就对客户说，今天我们的目标是A，为了完成这个目标，我们需要资料B、C、D。讲完，我扭头就走掉了。

这一幕被那位法国合伙人看到了，他在会后把我拉到一旁说："你真是个机器人啊！你怎么自己一股脑讲完就走开了呢？的确，从工作角度来说，你效率很高，但是你并没有与客户建立任何关系。"

我当时很疑惑，心想：我很高效地传递了信息，也没有耽误客户的时间，这不是很好吗？

法国合伙人却继续说，其实，人际联系是建立信任的重要基础。对客户来说，你是在用心帮助客户，还是仅仅为了完成工作列表上的工作，他们内心非常清楚。如果你不花时间了解客户，那么你就只是在表面上完成了工作，并没有与客户进行深层联结。

后来，我在工作中逐渐变成了一个有温度的人。在工作正式开始前，我总是会关心对方，这可不是简单的寒暄。一方面，我是为了让对方感觉到，我对他的关心是发自内心的，也很关心他的公司；另一方面，了解对方的状态，也有助于判断接下来的工作节奏，本质上也是有助于提高工作效率的。

前面提到过，我本来就是一个具备沟通技巧的人，再加上麦肯锡生涯对我的锻炼，我可以自信地说：我是一个擅长沟通的人。这也是我在麦肯锡的重要武器。

- 10 -

第四个反思是，没有人能摆脱"小圈子"，关键是如何取得平衡。

直到今天，麦肯锡都有自己的小圈子。当然，我这里讲到的小圈子也不全是贬义的。但说实话，麦肯锡并不似外界想的那样公平，一些工作机会与职业机遇其实是一些小圈子的内部资源。

我一开始并没有意识到小圈子的存在，所以也没有过多考虑如何打造自己的团队、找到自己的小圈子这样的问题。在我还是一个资历较浅的顾问时，我自认为自身能力不错，所以理所当然地认为自己应该拿到更多的项目。

在我完成法国合伙人交给我的两个项目后，我突然有一段时间再也没有拿到新的项目。这让我感觉很诧异，后来才知道这是因为我没有融入任何一个圈子。

所谓的小圈子，其实也分很多种。比如，从行业维度来看，有金融业的小圈子等；从地区维度来看，有香港的小圈子、台湾的小圈子等；还有一种就是能力维度的不同小圈子。在小圈子里的员工属于特殊关系，会受到保护。这就是所谓的游戏规则：在一个很有影响力的圈子内，你会被保护得很好，但也存在着负面影响，因为这意味着你不会拿到其他圈子的新项目。

我觉得这不太公平，因为我一直认为，决定我获得项目数量和质量的是能力，而不是所谓的小圈子。但也正是因为这样的态度，很多小圈子并不愿意接纳我，在他们眼里，我可能不是那种配合团队行动的人。当时我还是太年轻，不太懂这种"小圈子文化"，走了些弯路。

随着这种小圈子文化的膨胀，不同的小圈子变得较为活跃，同时，麦肯锡的权力会下放给各个合伙人，合伙人的权力变得过大，麦肯锡的 CEO 很难管理整个公司，因此，近几年不断爆出关于麦肯锡的各种丑闻事件，并不奇怪。

这个世界本身就不是非黑即白的，也不是完美无瑕的。尽管麦肯锡一直标榜自己"只关注个人能力"，但它内部确实存在各种各样的小团体、小圈子，这阻碍了它的公平性。它的价值观和实际情况之间存在落差，在一些人看来也十分刺眼。

对年轻的我来说，在当时仿佛只有"买对"——进入正确的小圈子，才能立足生存。这种现象在社会中也是普遍存在的，因为人性如此。在这种情况下，就需要我们既有能力保持一定的中立态度，通过自己的能力证明自己，又能理解这个世界的游戏规则，适当地做出妥协。

在类似这样的小圈子氛围中，成员像兄弟一样，互相帮助，互相信任，自有它的合理性。总之，我们要寻求一种平衡，既要有能力走进圈子内，又要能够保持自己独立思考的能力，做一个独立而有温度的人。

- 11 -

第五个反思是，不是每个人都要做射手。

前面提到过的顾敏，当时是麦肯锡接受的第一个毕业于香港中文大学的学生，由于麦肯锡以往只会招收哈佛大学等常春藤联盟毕业的学生，所以他还是非常特别的。他在麦肯锡做了两年的初级分析师，转而进入中国平安。2013 年左右，他去了微众银行。我们现在还是好朋友。

能力超群的顾敏，在外界看来一直非常完美。他在中国平安的时候，一度被认为是新一代的重要领头羊，也是一位很有潜能的未来高管。

2002 年，我有幸同顾敏一起工作。当时我觉得，自己在麦肯锡做了那么久，分析和沟通能力应该是很不错的，但跟顾敏比起来，仍有些相形见绌。他思考效率极高，对中国平安的了解又十分深入。我看着他的工作状态和解决问题的能力、速度，有些自惭形秽。

当时，我竟感到自己好像用处不大，对他而言，我这个顾问似乎没什么太大的价值。在日复一日的相处和交往中，这种落差感开始越来越影响我。

我总不能让自己无所事事，或者是费力不讨好，所以后来我尝试想办法改变这个现状。第一，我要做他的"手和脚"，为他搜集前线信息，让他在落地这个项目的时候畅通无阻；第二，我要尽量在各种重要场合为他做好需要的沟通工作。

可能有人会觉得，我作为麦肯锡的项目经理，竟然不能负责主要的咨询工作，而是像打杂的一样，充当别人的下手，应该会感到失落。但我觉得，我做的所有事情都是有意义的。

其实，这就像篮球队一样，不是每个人都要做迈克尔·乔丹，不同的人负责不同的位置就行。这个团队已经有一个很好的射手，那我应该做的，就是配合他完成投篮。各司其职，工作才能顺利开展。

这种团队合作也类似于演奏爵士乐。我们都知道，爵士乐讲究的是即兴，一个乐队要完成一场绝美的演出，每个人都要根据进行中的乐曲即时调整自己的节奏。如果你是鼓手，你就要了解钢琴、大提琴所负责的演奏部分，并好好配合别人，这样才能演奏出一曲完美的乐章。

顾敏当时或许会有不同的想法，可能认为我是咨询顾问，问题理应由我来主导解决。他同时也意识到，我虽然有不足之处，但我也在想方设法帮助他完成这个项目。在面对这种情况时，我必须跟他保持沟通顺畅，同时思考如何发挥自己最大的价值。只有互相理解与配合,才能最大限度地发挥团队的力量。

在工作中,个人要有大局意识,我们需要观察和思考团队中不同人的特点和角色,完美配合,实现团队整体的价值最大化。这在不同的岗位、不同的团队中都十分重要。

第 8 章

走向合伙人之路

心得总结　　*　　**冲突不代表不尊重**：对一个有想法的人来说，一个不断说"对"的人，是不懂得思考的人。他们喜欢人与人之间的辩论，认为这是一种灵魂的交流，同时在辩论中才可以获得真正的成长和学习，厘清事物的全貌。真正优秀的人不害怕对立和冲突，反而珍视不同意见。

平衡短期利益和长期目标：全身心投入台湾业务，确实让我在短期内得到了晋升，但从中长期来看，当时的这种选择不一定是正确的。在我成为合伙人之后，我在一定程度上还是失去了一部分大陆的业务和客户群，考虑到大陆市场的庞大潜力，这从长期来看可谓一种失策。

成就他人是一种福分：这位法国合伙人是一位无私的导师，像其他传统的麦肯锡合伙人一样，内心的信念感很强，都有"改变世界"的使命感。受到他的影响，现在的我也会很有耐心地帮助身边的人，把导师的奉献精神传递下去。可以帮助其他人，是自己的一种福分。相比自己的个人成就，能让更多优秀的人才有机会"改变世界"给了我更大的满足感。

- 1 -

有人说，麦肯锡就像一个帮派，由众多"家族"组成。不同的家族控制着交易的不同环节或者同一交易的不同地区。他们愿意一起奋斗和聚集资源，因为合作比各自为战效率更高。

在实践中，各个家族会相互交流经验和交换资源，打着相同的旗号行动，并且互相寻求帮助。即便如此，他们仍然属于不同的家族。每个家族看起来可能颇有相似之处，但本质上是不同的。

进入麦肯锡后，许多新手顾问需要加入帮派中的某一个家族，然后获得家族"长老"的训练、教导和提拔。在你拥有一定的能力和地位后，会被家族提名，作为代表参与帮派层面的事务。

这好比某种寡头政治，来自各个家族的大佬共聚一堂，共同决定着整个帮派的大小事务。在麦肯锡，合伙人就好比家族首领，他代表着家族利益，保护着家族成员，也决定着帮派事务。

你可以把麦肯锡理解为一个由各个合伙人领导的咨询公司组成的联盟，这些咨询公司聚集在同一面品牌旗帜下，在全球范围内合作、共享资源、集思广益，并降低独立运营风险，以此获得比单打独斗更好的效果。

当某个初级分析师加入麦肯锡时，他加入的不仅仅是整个公司，也加入了某个由合伙人领导的小型咨询公司。要想在整个咨询公司联盟中占据一席之地，你需要尽快晋升，以期有朝一日拥有自己的小型咨询公司——升职成为合伙人。

在麦肯锡的职位结构中，初级分析师、咨询顾问、项目经理都可以称为顾问，主要负责项目的执行。每7个顾问中只有一个人能成为麦肯锡的合伙人。他们无地区之分，都是全球合伙人。

通常的晋升路径是：初级分析师三年、咨询顾问两年、项目经理两年。在成为项目经理两年左右后，麦肯锡会从中筛选出具有潜力和资质的人担任副董事，然后一干就是三年。所以，从进入麦肯锡到晋升为合伙人，通常需要花费 10 年的时间。

一些专业机构（如律师事务所、投行等）的不少合伙人都是"空降"的。但在麦肯锡，公司更喜欢从内部慢慢培养出来的合伙人，而非外部"空降"人员。麦肯锡很看重员工在公司内部成长的这 10 年。

不管是从项目经理晋升为副董事，还是从副董事晋升为合伙人，都有四个维度的评判标准。第一，客户对你信任与否。麦肯锡认为，一个项目经理能否为客户带去他们所需要的东西，才是一切的关键。

第二，人员领导力，即同事对你的领导力是否认可。第三，专业认可度，即在某个市场或行业中，你的专业性是否被认可。第四，社区影响力，即在某一个社区，比如香港商界，你有没有影响力。

- 2 -

在即将成为麦肯锡的副董事之前，我作为资深项目经理，接到了一个比较大的项目，即跟中国平安合作推进的一个中后台改革项目。当时我的上司就是前面提到过的那位拉丁美洲裔副董事。

我至今还清楚地记得，我和那位拉丁美洲裔副董事发生了激烈的冲突，甚至互相破口大骂。事实上，我跟他在解决问题的方法以及表达方式上简直是两个极端。我喜欢就事论事，但他喜欢东拉西扯，让一个简单的问题复杂化。这不是在浪费我的时间吗？为此我表现得非常不耐烦。他则是一个典型的拉丁美洲人，情绪奔放外露，肢体语言丰富，就这样与我对骂了起来。

后来回想起来，那位拉丁美洲裔副董事的思维方式和我太太很像。我太太总爱和我分享生活点滴。例如，有一次她告诉我，我们的二儿子不爱学习，她很头疼。我心想，这个问题的解决方法很简单，就对她说："不难啊，你找个家教补习一下就好了。"

可万万没想到，我太太为此感到很生气。她说："我并不是在和你探讨解决办法，我是在和你分享我的感受。我需要你体会我的感受，而不是机械地列举解决步骤！"

我太太的思维方式不是和这位拉丁美洲裔副董事一模一样吗？事实上，他并不希望我直接告诉他问题的解决方案。一方面，这会让他感觉到，我并没有发自内心地替他着想；另一方面，他认为问题没有我所认为的那么简单，一定要从各个维度思考一番，才能构建整个问题的画像，才能找到合适的解决方案。

我当时之所以急着给出机械般的解决方案，还自以为别人都在浪费我的时间，或许是因为我在麦肯锡职业晋升道路上的快节奏让我已经形成了一种性格——不说废话，直接给出解决方案。所以，我视所有与解决方案无关的谈话为废话，这是不可取的。

话说回来，当时这位拉丁美洲裔副董事对我能不能晋升还是很有话语权的，所以在跟他发生冲突后，我很忐忑不安，满脑子都在想，自己是不是过于冲动，把前途都葬送了。我很担心自己为了成为晋升最快的合伙人所做的一切努力都白费了。

我甚至还提前跟那位法国合伙人"告别"，因为我觉得自己可能会被公司辞退。可没想到的是，法国合伙人当着我的面就给拉丁美洲裔副董事打了电话，问他到底发生了什么事。令人意外的是，他似乎把和我的冲突彻底忘记了，还说他很喜欢我，也很支持我成为副董事。

这一会儿跌落山谷，一会儿爬上山顶，宛如过山车般的体验，让我印象深刻、记忆犹新。

- 3 -

　　到 2006 年年中，我正式晋升为副董事。从默默无闻的初级分析师到成为距离合伙人仅一步之遥的副董事，我只用了 5 年时间，这是非常快的晋升速度。

　　晋升为副董事的当年 9 月，要进行一次麦肯锡特有的 360 度评价——周围所有同事都需要对我做出评价。我心想，自己既然是公司晋升较快的副董事，解决问题的能力又很强，得到大家的正面评价应该不成问题。

　　但是最后的评价得分出乎意料地低。对此我十分不解，不懂为什么自己得到的评价如此差。为了了解内情，我主动跟身边合作比较多的十几位顾问沟通交流，试图搞清楚在他们眼中我存在的问题。

　　大家的第一个反馈是，在快速晋升之路上，我只关注工作，对人情世故有所忽视。他们认为，我在工作的时候没有感情，尽管工作完成得很好，但就像是一个工作机器，没有心。一场会议如果说好开一小时，我绝不多开一分钟，总是要求在时间快到之前必须有个解决方案。

　　或许有人会说，会议时间长些，说不定能讨论出更多解决方案，所谓"让子弹再飞一会儿"。但我认为，让一颗子弹飞得太久不是什么好事情，未必就能解决问题，还有可能带来新的问题。所以，如何把握"子弹"飞的时间，不仅是一门科学，而且是一门艺术。我们不可能在 100% 掌握信息之后再做出决策，所以选择在什么情况下做出决策，在什么情况下再等一等，这是决策者应该学习的。当然，我也因为这样"冷酷"的方式被人认为缺乏感情。

大家的第二个反馈是，他们有时觉得我对问题了解的深度不够，只看到了表面现象，而没有帮客户解决核心问题。在他们看来，我快速解决问题只是为了获得晋升的机会，只是将工作当作一种可利用的工具，对真正关键却不能给我带来机会的问题置若罔闻。

说实话，我现在很讨厌当时功利、虚伪、没有人情味的自己。因为我当时非常在乎外界对我的评价，我的目标不仅是要当合伙人，还有当晋升最快的合伙人，集万千荣耀于一身，所以才会不断自我施压，也较少注意别人的感受。

第三个反馈是，许多同事认为我不喜欢冲突，所以在很多场合都只是表示赞同，不想因为意见不同而与别人发生争论。事实上，我当时的习惯性考虑是，如果我跟一个人发生争执，就意味着我不尊重他，从而会降低别人对我的评价，所以我不想要这样的冲突。

但事实显然并非如此。对一个有想法的人来说，一个不断说"对"的人，是不懂得思考的人。他们喜欢人与人之间的辩论，认为这是一种灵魂的交流，同时在辩论中才可以获得真正的成长和学习，厘清事物的全貌。真正优秀的人不害怕对立和冲突，反而珍视不同意见。同时，争议并不意味着不尊重，你可以提出你的意见，同时保持礼貌和尊敬，这两点并不必然存在矛盾。

我当时急功近利和目标至上的想法，被周围的同事们看在眼里，大家对我的评价很低。必须承认，我被狠狠泼了一盆冷水，内心的落差感非常强烈。

此外，麦肯锡的评价机制是匿名的，这就意味着你必须发自内心地去弥补自己的不足，而不能靠传统人情社会中的"拉拢"来达到目的。我必须直面自己的短板，用心改进，才能达到自己想要的程度。

后来的我逐渐明白，最好的领导是服务型领导。做领导，不是为了让团队服务于自己，而是要为周围的人服务。只有这样，你才能服众，才能真正做好事情。

- 4 -

在麦肯锡，通常来说，担任副董事的那三年其实就像是为成为合伙人进行准备、训练的过渡。成为副董事并不意味着你一定会成为合伙人，而是大概只有 40% 的机会可以晋升为合伙人。

在我刚刚成为副董事的时候，一位英国的合伙人给我发邮件说，你成为合伙人的冲刺阶段已经到来。他告诉我，现在的我其实处于一个最不好的阶段，因为我接下来唯一的目标就是升级为合伙人，当不上合伙人，只能被辞退，也就是大家常提的"不晋则退"。由此，我开始了在麦肯锡的另一个充满挑战的阶段。

当时我在麦肯锡内部的一个竞争对手也在服务中国平安，如果我跟他竞争这个项目，那么分到我手里的业务量不会很多。所以，为了提高自己的业务量，从而更快地晋升为合伙人，我选择不跟他"抢"中国平安，而是跑到台湾发展金融项目。我认为，要在短期内获得大量的业务，最好的选择是开发没有人接触过的业务。

可能是虚荣心使然，也可能是压力所致，我当时很想尽快成为合伙人，打破麦肯锡的升职速度纪录。我不得不从前面提到的那四个维度来大力提升自己，尤其是第一个维度——赢得客户的信任。我随即找到了当时比较信任我的一个台湾客户——中国信托，希望把它当作我的核心客户。

从 2006 年开始，我几乎每周都会飞到台湾一次，花四五天的时间为中国信托的零售业务服务。当然，我最终也得到了他们的信任。除此之外，我还跟台湾的元大证券达成了重要的合作。

选择台湾业务并不意味着没有竞争，麦肯锡会让两个副董事同时负责一个大项目，相互竞争，看谁会赢得客户的信任。所以，在我努力争取台湾客户的时候，一位新的副董事也想跟我争夺台湾客户，毕竟好客户凤毛麟角。

前面提到过，麦肯锡的宗旨是服务每个市场的头部企业，所以几名同事争夺同一客户的情况并不罕见。尽管面临内部竞争，但我很快意识到，当时唯一能够让我站稳脚跟的，就是发自内心帮助客户的赤诚之心。因此，我并不在乎有多少个副董事想要跟我竞争，我也不会把精力放在如何赶走其他副董事上，而是专注于服务客户，特别是服务它的 CEO，站在 CEO 的角度看问题，为他解决最棘手的问题。

例如，有些顾问会建议客户推出一些实际上无法执行的措施，但我会考虑到客户现有的资源，根据一线的执行力来提出建议，帮他们不断解决最难的议题。在内部竞争中，不断让人看到自己得到了客户的信任和依赖，这就是我前进的力量之源。

现在回想起来，我是要着眼长远，开拓比较稳定的客户群，还是在短期内先晋升为合伙人再去考虑其他问题，这是个两难的问题。面对这个问题，我选择了后者。为了尽快成为合伙人，我当时应该算得上亚洲地区项目最多的副董事，这让很多合伙人都感到惊讶。

全身心投入台湾业务，确实让我在短期内得到了晋升，但从中长期来看，当时的这种选择不一定是正确的。在我成为合伙人之后，我在一定程度上还是失去了一部分大陆的业务和客户群，考虑到大陆市场的庞大潜力，这从长期来看可谓一种失策。

直到成为麦肯锡的合伙人之后，通过与深圳发展银行的合作，我才开始慢慢将自己的重心放在大陆。同时，我也更加注重长期目标，甚至会在必要时放弃自己的短期利益。比如，当时有许多城商银行在上市前企图用一两百万美元来找我做战略项目，因为它们认为与麦肯锡合作可以扩大自己的影响力，从而提升自己的估值。但我极力反对，因为这种行为已经偏离了麦肯锡的信条——永远服务头部企业。短期的收益会损害麦肯锡在其他客户那里的声誉。

但在成为合伙人的过程中，为了尽快升职，我显然把短期利益置于长期考虑之上。通过台湾的业务量，我非常快速地实现了短期目标，但从长期来看，因为没有及时耕耘大陆市场，我往后需要花费更多精力弥补缺口。这是我在从副董事晋升为合伙人的过程中最重要的一个反思。

当然，至少从短期目标的角度衡量，我还是成功的。我比几乎所有人都更快成为麦肯锡的合伙人，终于也能像一个帮派内的家族首领一样，建立自己的小型咨询公司，在更高的层面施展拳脚。

- 5 -

在冲刺成为合伙人的阶段，除了努力获得客户的信任，我还不断设法扩展我对市场的影响力，比如撰写关于销售改革的文章，并在《金融时报》等专业媒体上多有发表。因此，我一度被当成销售改革的专家，这让很多客户有意请我帮他们做一些销售改革的项目。

我后期也参与、推动了很多与香港有关的项目，尤其是涉及公共事务的项目。香港利丰集团时任 CEO 冯国经先生认为，香港没有一个世界级的商学院，于是找到麦肯锡，提议与其合作将香港打造为人才中心。2006 年，利丰集团投入了不少资金，开始推动经纶国际经济研究院的建立。后来我也加入了这个项目，与他们共同致力于将香港建设成国际人才高地。其实麦肯锡对这个项目没有收取多少费用，主要是当成一项公益事业来做，原来的商学院计划后来则演变成了一个智库。

冯国经先生是冯氏集团主席和利丰有限公司荣誉主席，曾任香港贸易发展局主席、香港机场管理局主席、国际商会主席。当时，他为了推动这个项目落地，找到了很多在香港有影响力的家族，比如新鸿基地产的郭氏家族。因为这层合作关系，我跟香港商界有了一些交往，并逐渐在香港建立起自己的人脉关系网。

或许你还记得，我在前文提到过，从副董事升级为合伙人，麦肯锡有四个维度的评判标准，其中第四个就是社区影响力。我在香港商界这个社区的影响力，就是个人社区影响力的集中体现，对我尽快晋升为合伙人起到了一定的作用。

当然，除了我个人的努力（尽管后来的我不太喜欢当时功利的自己），必须承认的是，伯乐的帮助也很重要。

要想在麦肯锡这样的顶级咨询公司晋升为合伙人，需要有全球范围内的 20 位合伙人联合认可。由于我此前一直忙于扩展亚洲业务，并且把自己的主要精力投入台湾的业务，所以在全球的联系不广。

我一开始心想，尽管自己在香港有一定的影响力，但在全球似乎没有多少影响力，不太可能获得 20 位合伙人的认可。在这个关键时刻，我的导师——那位法国合伙人又助了我一臂之力。

在我冲刺成为合伙人的关键阶段，法国合伙人设法帮我举办了一场会议，议题非常明确：支持 Kenny 成为合伙人。他邀请了全球不少有名的合伙人来倾听我的故事，让他们了解我是谁。

这件事情让我挺惊讶的，我心想他怎么会如此明目张胆地拉票，但随着后来对麦肯锡内部结构的进一步了解，我也逐渐对这种现象见怪不怪了。当然，我不认为这位法国合伙人是因为某种"山头文化"在照顾我，他真的是一位无私的导师，像其他传统的麦肯锡合伙人一样，内心的信念感很强，都有"改变世界"的使命感。因为他认可我，希望我能和其他优秀的人一起"改变世界"，所以他对我毫无保留。我非常感激他。

受到这位无私导师的影响，现在的我也会很有耐心地帮助身边的人，把导师的奉献精神传递下去。我认为，可以帮助其他人，是自己的一种福分。相比自己的个人成就，能让更多优秀的人才有机会"改变世界"给了我更大的满足感。

回到那场拉票会议，我用了 30 分钟的时间做自我介绍，并说明了我想要成为合伙人的原因。当然，麦肯锡的文化不推崇自我炫耀式的行为，因此我没有夸耀自己的能力有多强，而是着重表达我能为公司带来什么样的收益。我想，自己在那场会议上的表现，应该没有让法国合伙人失望吧。

终于，通过一系列紧密而艰难的努力，我在 2007 年年中升任麦肯锡合伙人。我基本只用了一年的时间，就走完了从副董事到合伙人的升职之路，这在麦肯锡公司的历史上可是不多见的。

第 9 章

初尝合伙人滋味

心得总结   *

降维打击：如果你能把握整体的游戏规则，认识到在某个战场赢不了的话，就要换个战场。在我提升整个战略视角以后，其他咨询公司自然无法与我们相提并论了，因为它们只想着做某个战术改革，而我要做的是战略规划，从更高的维度进行打击，抓住客户的最大需求。

调动别人的积极性：有关中国香港和新加坡"抢钱"的报道，近年来一直是全球财经媒体热议的话题。特别是有关资金流动等方面的新闻，一直牵动着各方神经，我当时总在思考：香港背靠内地，又有金融基础，为什么做不好财富管理？作为一个中国香港人，我内心有强烈的使命感，希望帮助中国香港超越新加坡。我对业界人士说，新加坡在财富管理方面已经超越我们很多，中国香港不能继续落后了！由于我适时地打出了"新港之争"牌，调动了许多中国香港人的积极性。

用热情和诚挚打动大佬：与行业大佬共聚一堂，是一件非常有挑战的事情。作为大佬眼中的小伙子，想要 hold（把握）住十几个大牌 CEO 其实很难，你的分享和输出，必须让他们觉得没有浪费时间。此外，行业大佬一眼就能看出你知道什么、不知道什么，"装"反而会让自己显得不真诚，会被一眼识破且不招喜欢。相反，热情和诚挚才有可能打动他们。

跨国公司需要接地气：外资企业原来确实有一套值得借鉴的工作方法，但这套工作方法如果被原封不动地照搬到中国市场，有很大的可能面临失败，因为不接地气。许多案例都证明了这一点。所以，要想在中国市场立足，就必须建设本地的人才团队，以更符合中国国情的方式开展经营活动。一切的关键，是要把全球化和本土化结合起来，取长补短。中国企业出海也是一样的道理。

- 1 -

经过一系列过山车式的跌宕起伏，我终于成了麦肯锡的合伙人。相比以往的职业经历，合伙人的经历非常不同，也让我有了全新的职场感悟。

　　我在成为麦肯锡的合伙人后，发现公司给我的自由度非常高。虽然每年都需要将自己的业务提交给评估委员会审阅，但在刚晋升的两三年中，只要自己不去触碰一些红线，公司就不会辞退我。不仅如此，我还可以利用刚晋升的两三年时间重新进行自我定位，思考自己想成为怎样的合伙人，以及应该在哪个市场、哪些领域巩固麦肯锡的品牌和自己的核心竞争力。

　　前文提到过，此前为了能够快速晋升为合伙人，创造属于自己的"Kenny 速度"，我过于看重业务量，却忽视了对市场的长期耕耘。在冲刺升职的过程中，我跑去中国台湾大力发展业务，尽管有所收获，却忽视了最具潜力的中国大陆市场。

　　但我深知，身为麦肯锡领导亚洲金融业务的全球合伙人，我们最大的市场肯定是中国大陆。其实早在沃顿商学院读书时，我就已经隐隐感受到了中国崛起的巨大影响力，以及中国大陆市场的巨大潜力，所以刻意建设了差异化的"中国能力"，只为有朝一日能够在华人的主场——中国大陆有一番作为。到我成为麦肯锡合伙人的时候，中国崛起已经势不可当：国内生产总值已经开始超越日本，成为世界第二大经济体；各大产业蓬勃发展，优秀企业家如雨后春笋般不断涌现；中产阶层开始逐渐增多，财富累积开始加速，对资产配置的需求逐年增长。

　　为了弥补之前对中国大陆市场耕耘的不足，也为了更好地搭上中国经济爆发式增长的快车，我这次决定聚焦中国，不再分心。与此同时，我也进一步明确了个人定位，选择财富与资产管理领域进行深耕——我坚信，在一个快速增长的经济体中，财富与资产管理有着不可估量的潜力。

我成为麦肯锡合伙人后的第一个重要合作对象，就是深圳发展银行。深圳发展银行是第一家由私募控股的银行，是当时中国财经媒体重点关注的金融机构。

2004 年，在单伟建的主持下，美国新桥投资集团（以下简称"新桥"）几经波折，终于入股深圳发展银行。新桥是一家以收购、改造、退出问题金融机构为使命的并购基金。

当时，新桥与深圳市政府几番谈判后，终以 12.35 亿元拿下深圳发展银行 17.89% 的股权，成为控股股东，并承诺"5 年不退出"。单伟建一开始便信心满满，认为新桥是改造银行的专家，而"没有控制权，改造就无从谈起"。深圳发展银行因其特殊的股权结构，是当时中国唯一一家可能由外资取得控制权的银行。

2005 年年初，单伟建率队开启深圳发展银行的改革。他的重组手法与在韩国第一银行时如出一辙，即改组并控制董事会，明星团队入场，如请摩根士丹利的银行家出任董事长，国内金融界资深人士出任监事长等。

此后，单伟建邀请原本担任董事的美国银行家弗兰克·纽曼走上前台，先是接任深圳发展银行董事长，后兼任 CEO。纽曼毕业于哈佛大学经济学系，曾官至美国财政部副部长，担任过美国银行、富国银行等金融机构的高管，有过拯救亏损银行的丰富经验，也曾出任韩国第一银行的董事，与单伟建合作默契。

纽曼到任时已经 63 岁，尽管不通中文，但坚信"经营银行的语言其实是相通的"。只身来到陌生国度，身处不同文化的人群中，纽曼尊重他人与善于聆听的修养，使他与团队沟通顺畅。他借助本土员工的智慧，发挥团队的力量，先后从深圳发展银行内部提拔了年轻的高管，渐渐得到深圳发展银行新管理层的尊重，被称作"老爷子"。

若要问新桥给深圳发展银行带来的变化，不妨用数字说话：2004 年年底，深圳发展银行的不良贷款率为 11.41%，拨备率为 35%，资本充足率为 2.30%，净利润为 3 亿元。到 2010 年第一季度，不良贷款率已降至 0.63%，拨备率升至 188%，资本充足率达到 8.66%，年化净利润为 63 亿元，资产规模扩大了三倍。

单伟建当时说："始终觉得战战兢兢，幸好成绩单交待得过去。"他对深圳发展银行靠自身努力走出困境，没有申请政府一分钱的资助尤感自豪。

当时的我希望服务的，正是这样一家万众瞩目却又如此特殊的金融机构，我能成功吗？

- 2 -

幸运的是，很快就出现了一个契机，让我能够深度介入深圳发展银行的业务。

当时，深圳发展银行正在寻找顾问服务，希望对银行的中后台进行改造，并采用招标的方法选择合作伙伴。我代表麦肯锡参与竞标，这也是我成为合伙人之后的第一个重大项目。

这次竞标的打分项目包括竞标者的表现、价格、改革的内容等。事实上，麦肯锡相比其他咨询公司并不占优势，因为我们的咨询价格是其他公司的 5~6 倍，仅一个月的收费就需要 300 万~400 万元，相当于其他咨询公司对整个项目的收费。我还记得，深圳发展银行的一位主管看到我们的报价后质疑道："你们的收费几乎是别人的五六倍，你敢说你比其他咨询公司聪明五六倍吗？"

于是，我开始思考如何赢得这场竞标。在我们不能改变打分规则的前提下，考虑到价格的问题，我们注定会失败。但我转念一想，"牵牛要牵牛鼻子"，真正的"牛鼻子"并非打分员，而是公司的 CEO，我要站在 CEO 的角度看待这个问题，基于他的利益和动机去思考问题，只有这样才能赢得竞标。

我当时的结论是，如果只聚焦于单个改革项目，麦肯锡实在没有优势，所以需要提升自己的维度，从更高的层面寻找突破口。我了解到，新桥投资这个项目的战略目标，是把银行做好后顺利退出，从而获得较高的回报。这应该是当时深圳发展银行决策层最看重的战略目标。

我在发现这个突破口后，就开始寻求朋友的帮助，试图在我和深圳发展银行 CEO 纽曼之间牵线搭桥。我想，如果我能搞定 CEO，并在战略层面说服对方认可我方的价值，麦肯锡才能在竞标中脱颖而出，并赢得长久的战略合作关系。

　　见到纽曼后，我告诉他，在竞标这个项目时，麦肯锡这么高的价格肯定赢不了。但我知道，深圳发展银行是新桥投资的一个项目，最后的目的肯定是卖出去，为投资人获取回报。我们来做这个项目，并不只是为了短期的运营改革，而是要实施一个长达 5 年的战略改革，从整体层面帮助深圳发展银行提升经营水平。

　　如果你能把握整体的游戏规则，认识到在某个战场赢不了的话，就要换个战场。在我提升整个战略视角以后，其他咨询公司自然无法与我们相提并论了，因为它们只想着做某个战术改革，而我要做的是战略规划。反过来说，如果麦肯锡真的通过降价来竞标，那么我肯定无法站在战略层面和 CEO 进行对话，最终只能在运营改革中做一个小助理。

　　正是由于把自己拉高了一个维度，与深圳发展银行的 CEO 成功进行对话并获得了他的认可，我终于获得了服务深圳发展银行的资格。不过，拿到这个项目以后，我感觉自己一个人怕是吃不消的。虽然这个项目是我带头竞标和争取到的，但是如果最后的落地执行并不如意，客户还是会不满意的，所以我需要找对的人帮我推动这个项目。

　　于是，我开始搭建服务深圳发展银行的团队，找到了麦肯锡的副董事徐军，他在国内推动了很多银行改革项目，实战经验丰富，后来出任 360 金融 CEO。我还找到了麦肯锡的合伙人王颐，他现在是哈佛大学上海中心的总经理。

　　此外，考虑到深圳发展银行 CEO 纽曼是美国人，我觉得需要有个美国人和他建立更深的联系，所以选择了一位美国合伙人加入，他在中国台湾学过汉语，普通话说得很好。

徐军和王颐在中国大陆市场很有威望，而我在此之前一直做中国台湾的业务，相对缺乏知名度。他俩加入这个团队后，一度使我的光芒暗淡，甚至有一半人可能认为，这个项目属于王颐和徐军。但我深知，在这个项目中，与其他合伙人竞争没有任何意义。如果不邀请他们参与这个项目，我自己很难推动项目进展。如果做不成事，一切都是白搭。

一个人必须有胸怀，才能获得更多，况且在这个过程中，我也向徐军和王颐学习了很多。现在想来，或许是因为当时的自己不够自信，所以更需要寻找自己的差异性，才能跟得上那些优秀人物的脚步。但无论如何，我很感谢他们和我一起推动了项目，我们共同努力帮助了深圳发展银行，这对刚刚晋升合伙人的我意义重大。

我们大致是从三个方面帮助深圳发展银行进行改革的。

首先，深圳发展银行采用了很多国企的运营方法，例如在工作流中使用很多红头文件，一年下来有几千个，所以整个工作流程非常缓慢、效率极低。对此，我就何时可以使用红头文件、何时无须使用进行了界定，这极大地提高了他们的工作效率。

其次，当时的深圳发展银行主要与中小企业合作，没有触及零售业务，所以我当时做了很多针对零售项目的改革。

最后，帮助深圳发展银行提升 IT（信息技术）系统性能。一个银行的工作效率与改革，非常需要 IT 系统的支持，所以这是一项非常重要的基础工作。

一个有趣的小故事是，在项目进行到尾声时，麦肯锡的顾问费用也日益增长，时任深圳发展银行首席财务官拿着项目明细半开玩笑地对我说："你好意思收我们这么多顾问费吗？我们的利润大部分都给你了。"我则诚恳地回答："你不能看我们收费多与不多，你要看我们给你们带来了多大的回报。"他的话当然有开玩笑的成分，但我想，自己也是有底气这么回应的。

- 3 -

2010 年 5 月 4 日晚间，一纸公告宣布主管部门批复"婚书"，轰动一时的"平深恋"修得正果。

当时，深圳发展银行控股股东新桥将所持 5.2 亿股深圳发展银行股份转让给中国平安，对价是中国平安向其定向增发的 2.99 亿股国企股。新桥入主深圳发展银行，几经波折，此次转让给中国平安，从签约到获批历时 11 个月。

新桥在深圳发展银行这一单上斩获丰厚。2004 年，新桥出资 12.35 亿元入股深圳发展银行，其间经历股改和分红。以当时中国平安国企股股价计算，新桥账面浮盈已达 150 亿元。

深圳发展银行也因新桥而发生巨变。2004 年年底新桥进入之初，深圳发展银行的年净利润只有 2.89 亿元，资本充足率及核心资本充足率分别为 2.30% 和 2.32%，不良贷款率高达 11.41%。新桥入主后，对深圳发展银行做了一系列的流程改造和管理变革，的确带来了相当大的改观。深圳发展银行在没有不良资产外部剥离的情况下，不良率下降了十多个百分点至 0.6% 左右，资产规模翻了三番，2009 年净利润达 50.31 亿元。

当时媒体热炒的新桥 150 亿元盈利，成为单伟建继收购韩国第一银行之后的又一赫赫功绩。当然，新桥的丰厚获利应该放在特殊的历史阶段来看，要看到当时中国银行业公司治理不完善、烂账一大堆的时代背景，这是中国银行业成长的代价。另外，当时新桥的 150 亿元浮盈中，有因中国平安国企股股价暴涨而增加的约 50 亿元，这说明当时新桥选择中国平安也是正确的决策。

尽管当时也有分析认为，新桥有此获利，除了改善深圳发展银行公司治理的回报，选择中国平安的独到眼光，有幸经历了中国经济的上升周期，还坐享了体制溢价。但无论如何，新桥的努力在业界还是受到了认可。麦肯锡在其中扮演的辅助角色，以及我个人在其中发挥的作用，毫无疑问也引起了一些化学反应。对此，我感到十分自豪，也把深圳发展银行项目视作自己麦肯锡生涯中最重要的成绩之一。

深圳发展银行这个项目，也在我把业务重心从台湾转向大陆的过程中发挥了关键性的作用。在这之后，我开始加速耕耘大陆市场，并在财富与资产管理领域逐步积累人脉、资源和影响力。

为了提升自己在财富与资产管理领域的知名度，我还参与了香港银行公会的项目，作为一名顾问，协助香港打造亚洲财富管理中心。

香港银行公会依照香港立法局制定的《香港银行公会条例》创办，成立于 1981 年，是香港银行界的法定团体。香港的银行在港经营业务，除了需要获得香港金融管理局颁发的银行牌照，还必须成为香港银行公会会员。该公会的会员是银行，而非银行的雇员。各会员均须委派一名高级管理人员作为代表，出席公会的各类会议。

当时汇丰银行是香港银行公会的主席，也是这个项目的牵头推动者。该公会组织了私人银行工作小组，包括全香港最知名的15 家全球私人银行，如瑞银集团、瑞士瑞信银行、高盛等。

我当时积极提议麦肯锡参与此次竞标，因为麦肯锡要想在香港财富管理领域立足，这个项目是一个很好的契机。如果我们不积极介入，那么在未来 10 年，财富管理领域的话语权就会落入其他咨询公司手中。我建议，就算降价，麦肯锡也要拿到这个项目。这也非常符合麦肯锡的信条——永远服务头部企业，参与各个市场最重大的战略项目。

说实话，虽然我的态度很明确，但在参与这个项目前，我的大脑一片空白，不知从何下手。于是，我开始了解新加坡财富管理的方法。新加坡有一个财富管理学院，由淡马锡、新加坡管理大学、新加坡政府投资公司和瑞士金融学院联合成立。截至 2012 年，该学院已经进行了超过 30 万个小时的财富管理培训，与 60 多个机构形成了战略伙伴关系，包括私人银行、基金管理公司和杰出的商学院，旨在帮助亚太地区的高净值群体全面提升财富管理能力。这个机构在新加坡的法规制定、保持行业紧密度方面有一套独特的方法。

我参考这个体系，建议香港建立一个财富管理协会，使整个行业更具凝聚力，也让政府在财富管理领域有一个对接的平台，借此讨论相关法规的改革。

但对我的建议，当时的质疑声不断。这个机构是否会得到政府的支持？政府是否会以这个机构作为整个行业的窗口？这些问题并没有明确的答案。所以这个机构刚成立时，招募会员的过程比较艰难。

我想，或许是我的使命感影响了大家。我总在思考：香港背靠内地，又有金融基础，为什么做不好财富管理？作为一个中国香港人，我内心有强烈的使命感，希望帮助中国香港超越新加坡。我对业界人士说，新加坡在财富管理方面已经超越我们很多，中国香港不能继续落后了！

- 4 -

事实上，财富管理领域的中国香港与新加坡之争已经行之有年。

二战后，随着亚洲经济的崛起，现代意义的财富管理在亚洲获得了广阔的发展。尤其是香港，背靠内地，依靠得天独厚的条件，迅速跻身全球财富管理中心。香港因其独特的地理优势、健全的法律体制环境、相对自由的贸易环境、优惠的税收制度、透明的货币发行制度等，成为亚洲最具竞争力的国际金融平台、全球第三大金融中心。

香港回归以来，以内地为主要引擎的亚洲私人财富近年迅速增长，为香港的私人财富管理业务带来庞大的机遇，财富管理市场进一步蓬勃发展。作为全球财富管理中心，香港的财富管理市场具有多层次、多品类、多币种的优势。

此外，香港作为全球重要的金融中心之一，具有成熟的监管架构、完善公开的交易市场，以及丰富的金融产品，位于国际金融市场前列，是中资财富管理机构海外布局的首选。中国银行于2007年就在香港设立了私人银行中心，2011年中国工商银行也依托中国工商银行（亚洲）有限公司成立私人银行香港中心，2012年招商银行也开始了私人银行全球化布局。

反观新加坡的崛起，首先源自新加坡政府的前瞻规划与大力支持。

1998年，新加坡政府公布了要建设世界级金融中心的蓝图，为此在新加坡金融管理局内部成立金融促进厅和金融业发展咨询委员会。在实践中，新加坡首先从监管体系出发，形成统一的监管体系，金融监管形式从合规检查转向风险监管。

2000年，新加坡金融管理局宣布全面放开保险业。2004年，新加坡颁布实施新的《信托法》，规定在新加坡进行信托投资的外国人可以不受法定继承权比例限制。同时，受托人有权不公开披露与委托人及信托资产有关的信息，并保障委托人100年内对信托资产的控制权和决定权。

2008年，新加坡抓住了次贷危机带来的弯道超车机遇，鼓励金融创新，从区域金融中心成功转型升级为国际主要金融中心，成为世界第三大外汇交易中心、全球第四大金融中心，75%的在管资产来自新加坡以外。

经过多年发展，新加坡吸引了几乎所有知名的财富管理机构进驻，全球1 200多家银行、保险等金融机构的总部设在新加坡，众多全球知名的金融机构在新加坡设有区域总部。除了传统金融机构，新加坡家族办公室近年来激增，是许多富豪的选择。

可以说，有关中国香港和新加坡"抢钱"的报道，近年来一直是全球财经媒体热议的话题。特别是有关资金流动等方面的新闻，一直牵动着各方神经，有些地方可能有夸大的成分，但其中的竞争关系是实实在在的，许多业界人士心知肚明。

所以，我在推动香港加快财富管理领域建设的过程中，适时地打出了"新港之争"牌，确实能在一定程度上撩拨业界的神经，调动了许多中国香港人的积极性。当然，作为一个香港人，我也在客观上推动了我的家乡建设财富管理中心的步伐，对此我深感荣幸。

经过七八年的发展，如今的香港财富管理协会已经成为一个十分权威的协会，也如愿成为一个与政府对接的平台。可见，我当时的选择是对的。尽管麦肯锡当时"自降身价"，只收了几百万港元的服务费，但如今香港财富管理领域的话语权基本掌握在了麦肯锡手里，这可是一笔十分划得来的投资。

也正是这个项目，让我走上了全新的财富管理之路。通过这个项目，我结识了香港财富管理领域的许多重要人物。更有意思的是，后来新加坡的相关机构还曾邀请我"倒戈"去做它们的全球顾问。我想，这大概是对我的一种认可吧。

- 5 -

在香港财富管理协会建立以后，我在业界获得了一定程度的认可，于是趁热打铁，开始推动一个新的项目——私人银行 CEO 午餐会，打算每两三个月邀请中国香港和新加坡的知名银行 CEO 共进一次午餐。

这些 CEO 之间存在竞争关系，所以他们往来不多，更不用说共进午餐了。但我作为麦肯锡的代表，扮演一个中立的角色，邀请大家共进午餐，倒不算太奇怪。

当然，这个午餐会远非吃一顿饭这么简单，我的最终目标，是通过分享麦肯锡的观点，扩大麦肯锡的名气。我希望，以后业内人士只要提到财富管理，就会想到麦肯锡。与此同时，我也希望在业界建立个人品牌。

我面临的首要难题是，以我当时的知名度，还不足以邀请众多私人银行的 CEO。所以，我希望通过邀请业界的顶级人物（比如瑞银集团和瑞士瑞信银行的 CEO）出席，调动其他业界人士的积极性。当时答应出席的瑞银集团亚洲区总裁就曾调侃道："Kenny，你是不是应该给我付费？因为我帮你引进了这么多CEO。"

筹划这个午餐会的过程与拿下深圳发展银行项目的过程很像：我需要尽量避免在低维度与其他咨询顾问进行竞争。于是我充分利用自己香港财富管理协会创建人和 CEO 午餐会协调人的身份，希望直接在 CEO 圈推动这个项目。我的真诚与热情也确实打动了不少 CEO。

或许有些人会认为，这个项目没有明确的盈利前景，还要邀请那么多人，看起来费力不讨好，为什么要做下去？

但事实是，这个项目在财富管理领域深深影响了麦肯锡。一个公司的品牌是在行业内权威的评价中树立起来的。通过这个午餐会，我积极分享了我们对行业的洞见，建立了麦肯锡在这个领域的品牌，为日后的发展奠定了基础。

这个午餐会的影响力也是在口耳相传中建立起来的。因为我在第一次午餐会上就邀请到了瑞银集团的 CEO，所以大家奔走相告，渐渐形成了一种认知，即这个午餐会是业内头面人物的聚餐活动，如果自己不被邀请，就会有种不受重视的感觉。因此，后来对于参加午餐会，各大私人银行的 CEO 都很积极。

当然，与这帮行业大佬共聚一堂，也是一件非常有挑战的事情。每一次午餐会前，我都会认真推敲我要分享的内容。但是，作为一名刚升为合伙人、年仅 36 岁且看起来比实际年龄更年轻的"小伙子"（在大佬看来），想要在十几个大牌 CEO 在场的场合掌控全场其实很难。所幸，因为我服务过不同的银行，能够在一定程度上看到行业趋势，或许能够看到 CEO 们没有注意到的角落，所以对他们来说，听我分享似乎也有一些收获。

除此之外，获得 CEO 们信任的另一个原因是，在这个过程中，我的热情、诚恳打动了很多人。你要知道，行业大佬一眼就能看出你知道什么、不知道什么，"装"反而会让自己显得不真诚，会被一眼识破且不招喜欢。所以我一开始就坦承："虽然我是个不出名的合伙人，但我发自内心地想做好这个行业，你们有兴趣来吗？"我想，不少大佬正是看到我的坦诚，才接受了我的邀请。

最终，通过在午餐会上的价值输出，我在宣传麦肯锡的同时，也树立了自己在这个领域的声望，建立了许多人脉，提高了自己的能力，为自己的职业生涯打开了更多的窗户。

- 6 -

通过在内地和香港的不断积累，同时作为麦肯锡的合伙人，许多人一提到财富和资产管理，就会想到我，这足以证明，我确实在这个领域建立了影响力，而这也是麦肯锡最需要合伙人拥有的能力之一。因此，我参加了很多项目，比如帮助外资企业进入中国市场。

当时，作为澳大利亚四大银行之一的澳新银行希望打入中国市场。我在服务它的过程中，主要推动了三件事情。首先，我帮助澳新银行在香港找银行进行并购。这个项目推动了很久，因为当时虽然有两家银行愿意出售，但是价格太高，所以没有成功。其次，我参与推动澳新银行亚洲零售业务与财富管理业务。最后，我帮助它集中力量进军中国市场。

服务澳新银行的这个项目，也是帮助外资企业进军中国市场的典型案例。通过分析这些外资企业进入中国市场的过程，我们可以从中汲取一些经验，用于帮助中国企业出海。其实，很多企业都面临着相同的问题：在进入新市场时，本土化做得不够。

比方说，像澳新银行这样的外资企业有个通病：高管都是外国人，而本地员工只能做到中层。要想把企业做好，高管必须由本地人担任，因为他们更懂本地的法律、风俗和市场。

应当承认，外资企业原来确实有一套值得借鉴的工作方法，但如果这套工作方法被原封不动地照搬到中国市场，有很大的可能面临失败，因为不接地气。许多案例都证明了这一点。所以，要想在中国市场立足，就必须建设本地的人才团队，以更符合中国国情的方式开展经营活动。一切的关键，是要把全球化和本土化结合起来，取长补短，最终在一个新市场站稳脚跟。

其实，如果仔细观察阿里巴巴、腾讯等中国企业近期的出海历程，也可以发现类似的问题。如果不够接地气，总是想着复制自己在国内的成功经验，往往适得其反。

　　通过服务澳新银行，我深切意识到了全球化和本土化结合的重要性。我想，这也为我后来进入一家国内企业并帮助它实现国际化提供了重要的视角，这也是作为合伙人期间我在麦肯锡获得的重要经验。

第 10 章

诺亚缘分

心得总结　　*　　**从外部引入创新**：单靠内部的创新，成功的概率太小，因为创新意味着许多内部既得利益将被打破，所以从外部引入互联网和年轻的概念与人才，对诺亚而言是一个全新的发展契机。

衡量 offer 的价值：在选择新的岗位时，要考虑这个机会的稀缺性。麦青锡的一位资深伙人问我：5 年之内，你是否还能拿到像诺亚这样的 offer？如果你有信心在接下来的 5 年内拿到可以与诺亚比肩的 offer，那你现在可以选择不去诺亚，留在麦肯锡。反之，这个宝贵的机会则是值得尝试的。

开会也可以走心：在麦肯锡工作的时候，

各种会议和交流都有固定的时间安排，而诺亚则不定时，可能某天下午两三点就会突然聊一下，聊的内容也不一定都是跟工作或者项目有关的。这是本土企业和国际企业的一大区别。但平心而论，这种没有固定时间、固定话题的沟通方式，可以让公司的核心高管有很多十分深入的交流，不仅能够增进彼此的了解，加深信任，而且可能在不经意间激发业务灵感。所以，凡事不能一概而论，关键还是要看沟通能否有效。

理念和执行是两码事：成为集团总裁后，我意识到其与顾问之间的差异。作为总裁，要想将一个项目实现落地，就要考虑如何说服同事协助自己推动项目，而不像顾问只要提出建议那么简单。可以说，这就是理想和现实之间的距离吧。

- 1 -

一个人在职场上的成就，当然与他的能力密不可分，但有时候也需要些缘分。我在担任麦肯锡合伙人的过程中接触了不少企业，但我一开始未曾想到，自己的职业生涯竟然会与一家叫作诺亚的中国内地企业紧紧地绑在一起。

我与诺亚创始人汪静波的相识，是蔡秉翰牵的线，他此前在台湾元大证券工作，当时担任诺亚的首席运营官。他对我说，如果你想管理好麦肯锡的亚洲财富管理业务，那么你必须结识一下诺亚的创始人汪静波。

诺亚集团起源于 2003 年，于 2005 年正式成立，曾获红杉资本注资，在著名投资人沈南鹏的推动下，于 2010 年在纽约证券交易所上市。尽管诺亚后来成了中国财富管理领域的代表性企业，但在 2013 年前后，其体量还没有如今这么庞大，国际知名度也相对有限。

麦肯锡向来只与行业龙头合作，当时刚上市的诺亚并不在我的考虑范围内。我的第一反应是对蔡秉翰说，这些没那么大的公司，我们麦肯锡很难服务到位。但是他仍不放弃，让我有空一定要去拜访一下汪静波，并告诉我一定会有所收获。

蔡秉翰在台湾时就是麦肯锡的老客户了，在他的极力推荐下，我决定前往上海拜访汪总。不过，我当时内心还是有些傲气的，认为诺亚应该不大可能是我的客户，甚至没有准备任何建议书，就空手前往上海了。

作为一名顾问，前往拜访潜在客户时，竟然空手而去，可见当时的我确实未曾考虑服务诺亚。我还记得，当我到达诺亚位于上海浦东的办公室时，感觉其办公场所不够高档，似乎印证了自己此前的判断。

可在工作人员把我领到一个圆桌会议室后，就在那个房间，我的一切偏见都消失了。作为一家上市公司的创始人，汪总坐在会议室里，把她对财富管理市场的理解、对诺亚前景的构想娓娓道来，充满了智慧与洞见。更令我震惊的是，一家上市公司的创始人，竟敞开心扉向一个顾问做汇报，她的气度和胸怀很大。

　　这次"汇报"让我印象深刻，我了解到，汪静波不仅对市场十分敏锐，视野也很宽广。我服务过的深圳发展银行、招商银行、平安银行等诸多客户，都聚焦于本年度公司的销售额，而汪总不仅注重提升销售额，而且非常注重公司的架构。一个企业家有如此长远的愿景，真的很不容易，也正是这次互动，让我决定和诺亚合作。

　　回到麦肯锡后，我把诺亚的情况如实上报，但是鉴于诺亚的企业规模不够大，我们内部还是召开了客户筛选委员会会议，对于是否"屈尊"服务诺亚进行讨论。我花了很大的力气，试图说服美国总部。他们则质疑我到底为何选择诺亚这样一家企业。

　　我给出的分析是，券商、银行等产业都有自己的龙头企业，第三方财富管理领域也一样。更何况这是一个很有前景的行业，而中国内地的领头羊就是诺亚。与其合作，将对麦肯锡深入中国的财富管理市场大有裨益。

　　事实证明，我当时对诺亚前景的看好，确实是一个正确的判断。此后，随着中国财富管理市场的高歌猛进，诺亚越做越大，在国内外的知名度也越来越高。在我的坚持下，麦肯锡与诺亚建立了合作关系，不仅没有"屈尊"，反而践行了自己的信条——永远服务头部企业或者最有潜力的企业。

　　就这样，麦肯锡赶上了中国财富管理市场的黄金发展期，而我也开启了一段别开生面的人生旅程。

- 2 -

在我讲述发生在诺亚的许多故事前，不妨简单回顾一下诺亚的发展历程。

2005 年 8 月，汪静波创立诺亚集团。

2010 年 10 月，诺亚在纽约证券交易所上市。但诺亚的发展并不是一帆风顺的。它历经金融危机、业务转型、产品暴雷等危机的考验，又承受着由"小而美"到被资本推着扩张的纠结，创始团队常常心力交瘁，特别是在面对不断涌现的管理问题时，再有天赋的企业家也会感到困惑。

在麦肯锡拍板定案决定服务诺亚后，由我牵头，麦肯锡与诺亚建立了合作关系。我们的首要任务就是帮助诺亚厘清发展战略，突破业务瓶颈。

汪总告诉我，诺亚于 2010 年上市以后，整体业务发展开始进入瓶颈期，当时的股价仅为每股 8~10 美元，每年的销售额也只有 200 亿~300 亿元。不仅如此，公司内部所有事情几乎都由她一手负责，管理起来十分吃力。

为此，麦肯锡为诺亚制定了一个 5 年战略，对诺亚的主体、前线架构进行全面改造。当时，我接触了诺亚的多位核心高管，包括汪静波、殷哲和赵义，又找来徐军和我一起服务诺亚财富。

我们给诺亚的第一个建议是划分大区，即把整个国内市场分为 8 个大区，每个大区设置一位地区 CEO，负责地方上的所有业务。与此同时，我们还建议与之配套出台一套激励措施，即"基本法"——这个方法是从中国平安学习、引进的。

我还记得，在我把这个初步建议报告提交给汪静波后，她非常满意，甚至迫不及待地想要落地执行。我劝她，这只是我们的一份阶段性报告，具体执行方案还需斟酌，没有那么快能够落地执行。但从汪静波的表现来看，可以清晰地感觉到她对改革的热情以及超强的执行力，正是因为她和赵义的这种执行力，2013 年年初开始的改革项目，到 2013 年年中就基本完成了。

我们给诺亚的第二个建议是梳理业务线。我在看诺亚年报时，发现其 90% 以上的收入来源于财富管理，其中还有很多一次性的手续费。这就意味着，每年很多业务都要从零开始，没有重复性收入。

虽然诺亚的财富管理在业内已经做得很成功了，并得到很多认可，但它还是漏掉了一块很大的蛋糕——资产管理。因为资产管理可以收取管理费，这与财富管理的一次性渠道费用有很大的不同。

我当时就建议汪总："你不要把诺亚财富当作一家财富管理公司，而要把它想象成一家财富和资产管理公司。"据此，我为诺亚财富规划了两条核心业务线——财富管理和资产管理，而底层是整个集团的风险管控。

我们注意到，成立于 2010 年的歌斐资产，是诺亚旗下一个专业的资产管理平台。可当时歌斐资产并没有一个长远的战略规划，主要工作就是筛选基金。我们开始给歌斐资产铺路，以它为平台，发展上述两条业务线中的第二条，也就是资产管理。

我们一开始设想的是一个母基金的概念，利用歌斐资产筛选基金的经验，循序渐进地发展直投业务。一开始，歌斐资产 100% 的业务都是母基金，而 5 年后，其 50% 的业务是母基金，另外 50% 做直投。

除了资产管理，当时互联网金融的概念也已兴盛起来，于是我们试图开发一些较为前沿性的互联网业务。我们也意识到，单靠内部的创新，成功的概率太小，因为创新意味着许多内部既得利益将被打破，所以从外部引入互联网和年轻的概念与人才，对诺亚而言是一个全新的发展契机。

现在回过头来看，我们提出的这个 5 年战略，确实包含很多值得尝试的建议，也让诺亚开始对技术建设和人员管理有了一些新的思考。

虽不能说就是麦肯锡的功劳，但至少在麦肯锡的参与下，改革后的诺亚进步非常明显，股价节节攀升。此后的一年半，大概是在 2013—2014 年，我和汪静波的合作也在继续，我们的关系获得了进一步发展。

有一次，汪总需要参加一个大型的电视访谈，她还特意邀请我一起参与。要知道，我只是服务诺亚的顾问，竟被她邀请一同参加电视访谈，这在以往是不可想象的，麦肯锡的其他同事也很少有这样的经历。

但当时由于周末需要陪伴家人，我还是拒绝了，没有参加那次访谈。现在想想，确实挺可惜的。能获得这样的机会，我感到自己受到了客户的认可和重视，无形之中与汪静波和诺亚的心理距离更近了。

当然，更多的故事还在后面。缘分要是来了，挡也挡不住。

- 3 -

2014 年的某个周五晚上，汪静波和殷哲身在香港，约我到香格里拉饭店喝一杯。

我一开始并不知道会发生什么事，但见到他们后，我终于知道了他们的来意：邀请我加盟诺亚。我们聊了很多，汪总表达了对我的信任，对此我深感荣幸。

与此同时，汪总表示自己在管理上有些吃力，她把目光放在了我身上，问我是否愿意加入诺亚并以集团总裁的身份管理公司，先负责集团和全球业务拓展，平常可以待在香港，也需要花一点时间出差。当时我已经在麦肯锡工作了 14 年，有机会在一家国内有影响力的企业实践自己的想法，而非仅仅作为一名外部顾问给出建议，这对我来说还是很有吸引力的。

说来有趣，在我加入诺亚的过程中，发生了一件非常"魔幻"的事情：那个周五的晚上，也就是汪静波约我去香港香格里拉饭店，想听我对于加盟诺亚的想法时，我家的铁树竟然开花了。

我太太当时可谓"一则以喜，一则以惧"，因为铁树开花的寓意是，极为罕见的事情将要发生，但其中又包含两种截然相反的可能性：可能意味着一件极好的事情要发生，也可能意味着一件糟糕的事情会出现。

因为这个选择对我很重要，所以我很谨慎。我找到了麦肯锡当时大中华区的主席，想向他咨询一下对于眼下这个机会的看法。他回答，这件事情很简单啊，麦肯锡永远为你敞开大门。你要考虑的是，5 年之内，你是否还能拿到像诺亚这样的 offer。如果你有信心在接下来的 5 年内找到可以与诺亚比肩的 offer，那你现在可以选择不去诺亚，留在麦肯锡。反之，这个宝贵的机会则是值得尝试的。

听了这番话后，我加盟诺亚的意向就很强烈了，但我还是多了个心眼，去找了位猎头，评估一下自己在市场上的价值，并将之与诺亚进行比较。

我问猎头："现在外面是否有适合我且最好是很重要的职位？"猎头向我推荐了瑞银集团——一家全球驰名的公司，也是财富管理行业的巨无霸。

于是，猎头安排我与瑞银集团时任亚洲区 CEO 见面，对方是一位韩国人，我们进行了坦诚的沟通。没想到的是，我们一起吃完午餐后不久，他就给我发来了 offer，职位是副 CEO，基本上就是首席副总裁了，算是瑞银集团亚洲区的二号人物。

这下，我有点犹豫了。一手拿着诺亚集团总裁的 offer，一手拿着瑞银集团亚洲区二号人物的 offer，我内心左右摇摆。考虑到我的背景，或许进入国际大企业工作更适合我？我不确定。

于是，我又约了瑞银集团亚洲区 CEO 出来吃饭。我问他："作为亚洲区 CEO，你觉得自己手中的权力有多大？"因为我觉得，亚洲区 CEO 手中的实权可能不大，会受到全球总部的制衡。

他回答："你这个问题一针见血啊，讲实话，有三四成吧。"我听完内心凉了一大截，回答："作为你的副手，我的权力岂不是连一成都达不到？那我该如何推进我的工作呢？"

跟他聊完之后，我深刻意识到，瑞银集团能提供给我的机会和权力有限，这与我想要"实战""更接近决策层"的初衷相违背。我非常希望可以在一个机会更多的平台上充分发挥自己的能力，实践自己的理念，因此我最后选择了诺亚。

在 2014 年的那个夏天，我正式跟汪总表明了自己的态度，决定加盟诺亚，在中国的财富管理市场上成就一番事业。但因为需要在麦肯锡做一些交接工作，一直到 2014 年 12 月，我才正式到诺亚上班。

- 4 -

2014 年 12 月 1 日，我正式去诺亚上班了。

在进入诺亚的第一天，我还没有属于自己的办公室。最初，我在三楼的一个小会议室里办公，里面基本什么都没有。但简陋的环境并没有影响我的斗志，特别是诺亚创始团队的支持给了我无尽的力量。

在我入职的第二天，汪静波来到我的办公室对我说："Kenny，我会全力支持你，让你做到最好。关于财务和人事方面的问题，你不用担心，我会给你100%的支持。"听她这么说，我心里十分感动。因为我普通话说得不好，一开始心里总有点发虚。但在一个有足够业务量的龙头企业，与年纪相仿的创始人一起努力向前冲，这样的工作氛围让我充满斗志。不仅如此，汪总给了我足够的空间，让我能够相对自由地施展拳脚，我对此十分感激。我能感受到她的胸怀以及谦卑的心态。正是汪总的支持，让我在此后的工作中有足够的力量去推动我想做的事情。

不过，在我刚刚入职时，还是需要适应一段时间的。当时我家在香港，而公司在内地和香港都有业务，也开始考虑拓展海外业务，我作为集团总裁，也需要不时飞往全国各地和亚洲各地。我每周有三四天都在外地，周末回香港，基本就是个"空中飞人"，永远都在出差的路上。

幸好，因为之前在麦肯锡工作的时候，一周往往要飞三四个城市，所以对于飞来飞去的生活，我已经习以为常了。现在有部分时间，我只需往返于上海和香港两地，这对我来说还算轻松，可以适应。所以，我渐渐调整好自己，很快进入了工作和生活的应有状态，可以着手推动工作了。

事实上，我之前跟赵义等人在麦肯锡的项目中就有过合作，交流下来的感觉也不错。此外，时任首席运营官蔡秉翰（我与诺亚的牵线人）对我的帮助很大，他耐心地帮我深入了解诺亚的文化，让我可以迅速而高效地适应新的工作环境和机制。

到 2015 年年中，我基本适应了诺亚的工作环境。我与汪静波和殷哲之间保持着十分紧密的沟通。基本上每隔几天，我们就会花上两个小时左右的时间，一起跟汪总聊天。

其实，在麦肯锡工作的时候，各种会议和交流都有固定的时间安排，几点到几点讨论这个话题，几点几分开始讨论下一个话题，都有明确的安排。但汪总会不定时安排会议和交流，可能某天下午两三点，她就会问要不要聊一下。聊的内容也不一定都是跟工作或者项目有关的。这或许是本土企业和国际企业的一大区别。

但平心而论，这种没有固定时间、固定话题的沟通方式，可以让公司的核心高管有很多十分深入的交流，不仅能够增进彼此的了解，加深信任，而且可能在不经意间激发业务灵感。所以，凡事不能一概而论，关键还是要看沟通能否有效。

从对市场的敏锐度来看，虽然诺亚并没有像麦肯锡那样的架构性思维模式，但汪总等管理层人员对于市场的感知还是很准确的。比如，对于如何激励前线员工、如何把控产品质量等问题，他们把握得比较好。

另一个核心问题是风险管控。最初，我不是风险管控委员会的成员，因为毕竟我刚刚加入，而且对于国内的产品还不太了解。因此，我作为集团总裁，暂时只能旁听风险管控委员会的会议，但没有投票表决权。

这也是很正常的，毕竟我的背景和履历以海外和中国香港为主，对于中国内地的情况并不熟悉，因此需要先了解情况。整体来说，在诺亚的4年多，我主要负责管理的是架构梳理、国际化进程、投资者关系等。

- 5 -

我在诺亚工作的第一年，负责的第一项工作是帮助赵义思考和推动区域前线改革的计划和架构，把全国的8个区改成了10个区。在前线，公司加强了监管、风险管控工作的专业度等。

我的第二项工作是推动诺亚的国际化布局。当时诺亚设有香港分支，业务量不大，负责人是庄尚源。诺亚香港分支一开始在上海的办公场地只有一个小房间，庄尚源就做一些简单的小项目，比如推动拿下香港的牌照。他这样的工作状态持续了四五个月，之后才搬到香港，正式建立诺亚香港公司。作为诺亚国际化布局的第一步，香港公司的成立为之后的扩展打下了基础。接下来，诺亚还会继续向美国、加拿大和澳大利亚等区域推进。

我十分欣赏庄尚源，跟他的关系很紧密。我们一起讨论如何推动香港的项目，关注国际化布局开始后未来能够开展哪些区域的业务等问题，每次和他聊天都酣畅淋漓。

我的第三项工作是推动诺亚与投资者的沟通。虽然诺亚在美国上了市，但实际上，很多外国投资者对诺亚不太了解，对它的认可度也不高。那个时候，诺亚的股价比较低，大概在每股10 美元。

当时，诺亚受到很多大型外资投资者的质疑——他们对诺亚成长的空间、潜能和基础是持怀疑态度的。

汪总的大部分精力还是聚焦在国内业务的推动上，也没有足够的时间和精力来同海外的投资者进行沟通和互动。为了解决这个问题，我跟当时的首席财务官陶清一起，花了很多时间推动诺亚在全球市场上的沟通工作和投资者关系维护等。这些活动为诺亚的声誉提升打下了一个比较好的基础。陶清到诺亚前，是高盛的执行董事，非常有经验。

除了集团架构梳理、国际化进程推动以及投资者关系维护，我的第四项工作是推动歌斐资产的独立发展。当时，殷哲的角色还没有完全定下来，但我们已经开始讨论人才引进、激励计划等。2015 年年底，我就开始引进马晖洪，他在母基金领域很有声望，后来担任歌斐资产的首席投资官。

还有一位来自香港的人才，在我邀请他加入我们的团队时，他手里已经握有宜信的 offer。但在我的劝说下，他来到了诺亚，担任诺亚香港公司的首席法务官，和我们一起将诺亚推向国际市场。

可以说，2015 年一整年，我在诺亚的工作很有压力，但也很充实。当时有一些美国的分析师看不懂我们的报告，这影响了诺亚的股价。我发现，投资者和市场对诺亚存在一定的误解。我每天都在担心出现这种沟通问题，并做好应急准备。所以，我有一段时间每天工作近 20 个小时，几乎没有完整的休息日，确实挺辛苦。

另外，作为一名曾经在国际化企业工作的顾问，来到一家本土化的公司开始新的工作，也面临着思维转换的过程。幸好，我早年就因为麦肯锡的项目同诺亚的很多高管有过合作和了解，所以适应起来还比较快。

但说实话，成为集团总裁后，我才意识到其与外部智囊——顾问之间的差异：作为总裁，要想将一个项目实现落地，就要考虑如何说服同事协助自己推动项目，不像顾问只要提出建议那么简单。可以说，这就是理想和现实之间的差距吧。

但也正是诺亚集团总裁的身份，让我真正了解到商业决策的全貌。我意识到，一件事从理念诞生到落地执行，需要做很多工作，不是只要提供个想法那么简单。在这个过程中，我也学到了很多，这些是在麦肯锡做顾问时无法切身感受到的东西，这是商业真正的魅力之一。

- 6 -

当然，从麦肯锡到诺亚，从跨国公司到本土企业，其中必然存在一定的落差。尽管我最终适应了诺亚的工作环境和机制，但有些时候也未必能完全融入。

来到诺亚的第一年，我就参与了很多重要的工作，为诺亚的迅速发展贡献了自己的力量。但说实话，在最初的半年内，我还不能完全投入，除了一般人都会面临的适应问题，这也与诺亚的原生文化有关。

诺亚有自己的文化，比较著名的就是三阶段培训，这是一个很难通过的培训活动。三阶段培训着重对员工的心灵成长训练，甚至有公司创始人认为，在诺亚的企业核心价值观中，有一点是独一无二的、有别于其他金融服务企业的——心灵成长。

事实上，诺亚确实是一家对员工培训无比重视的公司。诺亚设有专职培训部，培训对象分新员工、管培生、中层管理者、集团高管、投资专业人员、互联网金融专业人员等类别，培训范围包括心灵成长类、通用技能类、领导力和管理技术类、互联网金融类、投资及金融专业类等模块。除了提升员工的专业知识外，诺亚也投入大量资源提升其员工的心理健康。业内熟知的三阶段培训，就是培训体系中一个很重要的版块。凡是入司一年左右、表现优秀的员工，都会被推荐去参加这个为期半年的三阶段培训。

有人认为，接受过三阶段培训的人和没接受过该培训的人，在自我认知和沟通能力上都有差别。所以，坊间有一种说法：进诺亚不参加三阶段培训，就像上大学没谈过恋爱一样，职业生涯有了一大遗憾。据说，不同年龄层的人在三阶段培训中的收获也不一样，好多人因此改善了家庭关系、亲子关系、夫妻关系。这样的培训正是诺亚的一大特色，也是其是中国财富管理行业"黄埔军校"这一说法的重要来源。

有人认为，这样的培训特色可能与诺亚内部女性员工的占比较高有关。事实上，对于三阶段培训等活动，在诺亚内部也存在争议，有人表示不太适应。我此前一直在海外求学和工作，也有点不太适应三阶段培训，因此还曾尝试逃避。为此，汪静波特别照顾我，让我先观望一下，不一定要直接参加培训。后来我也只是完成了第一阶段，没完成第二和第三阶段。

当然，诺亚内外部对这个三阶段培训可能有许多不同的看法，但我想强调的是，诺亚的企业文化很强大。要想管理好这个企业文化强大的平台，确实不容易。这不仅仅是因为我的普通话说得不好，更直接的原因是，我作为一个外来者，又有海外教育和工作背景，带着外来的经验和方法进入，这种企业内在的文化有时会让我产生一种差异感。

但我感觉，汪静波是宽容的创业者，她既然找到了我，就相信我的能力，并且给予我空间和支持，让我实现自己的想法。所以，我的压力并不是来自创始人，而是来自我自己，因为我想尽力把事情做到最好。

集团总裁这个职位，有两个极端矛盾的特点：一方面，所有的事情都可以与我无关，因为所有的事情都有相关人员在推动；另一方面，我是集团高管。归根结底，在何处发力很重要，集团总裁的工作需要找到一个平衡点。

我有压力，因为我确实想把很多事情做好，总想着出成绩，所以不可能不闻不问。当然，我也要对信任我的人负责，所以还是挺辛苦的，但也有快乐。

2014年年中景泰事件①发生的时候，我还在麦肯锡以顾问的角色服务诺亚，当时正好跟汪总在一起开会。这则负面新闻传来的时候，汪总表现得十分镇静，并没有慌张地结束正在进行的会议。她说："今天的会很重要，我们先进行这个会议，然后我去处理后面的事情。"

2014年的景泰事件，在一定程度上也推动了诺亚后来的中后台改革。我举这个例子是想说明，汪总是一个很有担当的人，在任用我的期间，她给了我很大的发挥空间，而她自己则花了不少精力去处理危机。与这样具有胸怀的创始人一起工作，让我在诺亚的第一年虽然辛苦，但是颇有成就感。

---

① 2014年8月，由万家资产管理公司发行的万家共赢景泰基金被曝光，基金管理人景泰管理公司擅自挪用所募集的资金。这一项目由诺亚担任项目投资顾问及代销机构。——编者注

第 11 章

诺亚实战

心得总结　　＊　　　　**留意别人没说的东西：**公司高管很多时候并不太愿意公开提出一些意见，尤其是在面对集团总裁这个层级的人物时。这些高管虽然没有即时给出反馈，但并不代表他们没有意见，他们只是不敢或者不好意思开口。因此，沟通还是需要多维度进行，不然的话，很多隐藏的问题很难被发现。

　　　　保持对前线的掌握：在麦肯锡，我主要是将自己的想法和建议提出来，而到了诺亚，作为集团总裁，我需要做的是将想法和建议落地。首先，要让前线负责人充分了解核心高管的战略内涵和推动步骤，避免执行时计划走样。其次，不要完全听任身边高管的说法，注意收集各种意见，特别是前线的意见，这样才能掌握全貌。

与创始人保持顺畅沟通：作为职业经理人，我深切感受到企业创始人愿意给空间有多么重要。正是因为老板的胸怀，我才做出了许多成绩，完成了从顾问向职业经理人的重要一跃。相反，我在麦肯锡的同事中也有不少人到一些很有影响力的企业去做职业经理人，但由于创业者的胸怀不够，提供给职业经理人发挥的空间有限，结果就是双方互相浪费时间。职业经理人和企业创始人之间要做到相互匹配和信任，否则是走不下去的。

- 1 -

在诺亚的 4 年半时间，接地气是一个无法逃避的话题。作为一个有着国际教育、工作背景的中国香港人，我想管理好一家中国内地快速发展的本土企业，必须让自己融入这个市场，并不断学习这里的规则。

汪静波经常对我说："Kenny，我知道你有海外经历以及宏观战略的经验，但是到了诺亚，你一定要接地气啊！"的确，在麦肯锡做了多年顾问的我，有时难免浮于纸上谈兵，直到进入诺亚，才真正有了实战经验，慢慢开始推动具体的工作。

诺亚当时有四大板块：第一大板块是销售板块，即诺亚财富，由赵义推动；第二大板块是产品板块，包含我们的产品团队以及殷哲的歌斐资产团队；第三大板块是集团平台与专业板块，其中又包含两个维度，即中后台的法律、风险管控和后来我添加的专业核心能力；第四大板块则是新业务。

其实，这样的架构设计是我在加入诺亚前就给汪总的建议。那时的公司就叫诺亚财富，公司理念也很简单——找渠道销售产品。我很快发现，这种聚焦产品和销售的模式不太健康，相当于只是在卖产品，没有一个平台的概念。而且，公司存在很多一次性的收入，无法重复收费，所以每一年都要重新开始。

我在当顾问时，为诺亚做过 5 年计划，规划出 4 个赛道：财富管理、资产管理、专业平台、新业务。这样，整栋大厦会很平稳，不会因为市场的波动而对收益造成太大影响。但这个计划在我进入诺亚后才开始落地。

汪静波曾对我说，在集团总裁的职位上，意味着我可以什么事情都管，听每个人的汇报，也可以什么事情都不管，毕竟每个项目都有相应的主管负责推动。她担心我无法真正推动业务，所以开始重组集团的架构，让我独立负责管理一个大板块，即上述第三大板块——集团平台与专业板块及国际平台。

其实，每个板块都有一个驱动人：销售板块由赵义推动；产品板块由汪静波和殷哲推动；新业务由我和汪静波一起推动；集团平台与专业板块还有全球分公司由我从香港推动，该板块的管辖范围包括集团平台、中后台、程序、客服、研究等及开拓诺亚国际分行。

- 2 -

　　存续与研究是专业板块的两个重要内容。由于诺亚的产品不是一次性产品，而是一个使用周期较长的产品，所以我们需要对客户进行投后跟踪管理，与客户保持良好的沟通和交流。这是让客户产生黏性与忠诚度的一个非常重要的环节。

　　假如我作为客户购买了诺亚的一款产品，这款产品在 8 年后才能兑付，在此期间我一定会非常关心它的进度，这是客户的需求。诺亚作为一个销售平台，也需要整理好普通合伙人给客户的信息，若出现什么问题，则需要调集一个团队专门处理。所以，我希望有个程序可以专门处理这些问题。

　　当时我们针对一些问题产品会打出红、黄、绿灯，以此表明危机程度。尽管当时有很多媒体报道我们的产品存在问题，但事实上，即使在最高峰时期，问题产品也不到诺亚产品的 1%。但是为了这 1%，我们花费了很多时间和精力。我认为诺亚作为一个销售平台，对客户负有首要责任。所谓的责任，包括帮助客户与普通合伙人进行沟通。在这个过程中，我也积累了很多学习和经验。

　　很多情况下，面对客户的反馈，你的第一反应可能是他提出了无理的要求。有时候我在想，这个投诉的客户不是已经在诺亚赚了很多钱吗？为什么会因为这一个产品，跟我们起这么大的冲突？其实，了解客户心态的过程，也是我接地气的过程。就算卖给客户的 10 个产品中有 9 个使客户获益，但只要有 1 个不达标，客户都有权争取自己应有的权益。对客户来说，他在销售平台上争取权益，这是一件很正常的事情。

事实上，全球的高端客户都是相似的。2008年雷曼兄弟事件发生时，香港所有客户的反应都一样，都是要求银行兑付。在没有问题发生时，他们可能会表现出不同的姿态，但是一旦有问题爆发，大家的行为都差不多。所以，客户之间的地区差异其实不大，所有的客户最后都会争取自己的利益。不过，在对一些具体问题的看法上，国内外客户可能会有一些差别，这也与金融发展程度有关。在与国际接轨的过程中，国内客户的心态也在逐渐发生变化。

2014—2015年，有客户对我说，你只需要5年给我3倍的回报就差不多了。我当时很吃惊，3倍的回报？对他们来说，似乎这只是平均水平。反观成熟市场，比如美国市场上的产品，每年7%~8%的收益率就已经很高了，平均水平只有3%~4%。在这种情况下，向国内客户兜售美国产品根本没有吸引力。但是，在2016—2017年以后，由于国内市场的波动，客户也逐渐有了分散资产地域风险的意识，他们也逐渐明白，之前要求3~4倍的回报太不合理。可以说，对于相对较低的收益率的接受过程，也是国内客户走向成熟的一个过程。

所以，不管诺亚给客户做多少投资者教育，作用往往都很有限，还不如客户被市场教育一次。这样，客户才会意识到原来股票是会下跌的，世上没有稳赚不赔的投资，风险与收益是挂钩的。在无数血淋淋的教训下，如今的中国市场逐渐走向成熟，这对财富管理行业来说也是个很好的前进契机。

在与行业共同成长的过程中，我也从汪静波身上学到了不少东西。我发现，汪静波对每个普通合伙人的个性都十分了解，如何与他们搞好关系，也是一门艺术。我学到的一点是，不能有一种和普通合伙人对立的心态，需要换位思考，站在资产管理方的角度想问题，思考他现在处于什么阶段、他底层的资产状况如何等。

在推动第三大板块的这几年，我不仅学习到要从客户的角度思考、处理问题，而且学习到如何与普通合伙人处好关系，为客户找到解决方案。在这种学习氛围的熏陶下，我对财富管理行业的理解越发深化，这对我推动自己负责的板块大有裨益。

- 3 -

前面提到，诺亚的集团平台与专业板块及国际平台由我推动，该板块的管辖范围包括平台、中后台、程序、客服、研究等及开拓诺亚国际分行。

诺亚此前有个专门研究产品的部门，即诺亚研究部门，但我认为应该把研究推向前线，以专业来销售产品。基于此，我找到了夏春博士，此前他在香港工作，专业能力受到业界的肯定。我提议与夏春博士共同创建诺亚研究工作坊。现在想想，我当时的执行力真的很强，当天就在 PPT 上做出了一个标识。

诺亚研究工作坊按照资产类型分为几个部分，包括公开市场、地产、私募股权等。每个部分都有一个研究团队，负责给前线出一个接地气的、可执行度较高的方案。同时，我们也会以客户的反馈作为研究的参照，在此过程中会通过微信跟踪进度流程。

对于我们推动的研究工作，前线的理财师也是非常接受的，他们真正感觉到，专业能够帮助他们推动销售。其实，这一系列工作都是围绕着一个理念展开的：要想做好财富管理行业的销售业务，不能只靠爆款产品推动，而是应该有一定的专业度，这样才能让人信服。直到今天，行业仍在探索财富管理能不能以专业推动客户关系。这是一个大问题。

当然，尽管这个研究工作坊不乏成功案例，但也受到了部分员工的吐槽：我为什么要研究这些东西？直接销售爆款产品更简单啊！

我当时一直在思考一个问题，即如何提高前线对研究的接受度。毕竟这个研究需要前线花费成本去做。我和夏春博士商议的一个策略是，集团可以先承担前线的成本，但是需要让我们有机会与前线一起，用接地气的专业能力推动产品销售，前线的销售需要直接反馈给我们。一旦前线认为这个研究起作用了，我们就能与各部门平摊成本。

我们先在一个地区推动进行试点研究。当时在上海有个工作坊，可以通过视频与我们的工作人员直接对话。慢慢地，研究提升了产品的专业性，更提高了客户对产品的期望值，每个客户都希望有专业的理财师服务自己。在这个意义上，推动研究工作应该是成功的。

此外，客服工作也属于我负责协助管理和推动的板块。当时公司的客服团队有 30 人左右。不过，一开始客服在工作时并没有统一的工作规范，解决客户反馈问题所用的时长也不统一，客服彼此之间不了解客户投诉的整体情况，客户的问题也没有统一反馈给产品部门。所以，一开始的时候，整个客服团队的工作流程不够透明、高效。

针对这些问题，我进行了改革。首先，要求客服对投诉问题进行收集，让我们了解在各个分公司中，客户到底在投诉什么；其次，规范化解决客户问题的时长等细节。

改革之后，我们才发现原来各个地区会收到各种大大小小的投诉，总部根本不知道，总部之前了解到的都是那些直接打电话到总部投诉的问题，但这部分问题其实只占全部问题的 10%~15%。更多情况下，投诉仅停留在区域层面，无法到达总部。

只有了解到问题所在，才能对症下药。收集到了投诉问题，我对客服工作的推动才有依据，这是我在推动改革时的深切感受。

- 4 -

另一个需要我推动变革的，则是诺亚的 IT 平台。

IT 平台一直是诺亚的一个痛点，这一点让我印象深刻。当我还在麦肯锡的时候，在为诺亚制订的战略规划中，就包括设置首席技术官来推动 IT 平台建设。后来我找到了一位首席技术官，但是万万没想到，他只工作了几天，就因诺亚的体系太乱而离职了。

后来我找到了合适的首席技术官，也就是大家口中的老秦。他在多家海外公司工作过，有非常丰富的海外经验。老秦是个非常稳健的首席技术官，帮助诺亚从零开始建设 IT 平台。到 2017 年左右，我们感觉需要一个高手去推动新的想法落地，也正在这个时候，老秦想去澳大利亚休息，于是我们便开始寻找新的首席技术官。

最后，我们把唯品会的首席技术官挖过来了。他本来快退休了，在我的再三劝说下，他决定加入诺亚。他是思考型人物，虽然对金融不太了解，但是帮我们把诺亚的技术工作梳理得很好。尽管他现在重新回到了唯品会，但他那段时间的短暂帮助，把诺亚的互联网业务往前推动了很多。

我在这个过程中发现，金融行业与互联网的结合，有时不能光靠传统经验。很多时候，行业外的 IT 人士最有可能帮助我们实现一些新的想法。所以，在招聘人才时，一定要敞开心胸广泛接触各界人才，不要轻易把自己锁定在一个小圈子内。

- 5 -

除了平台、中后台、程序、客服、研究等工作，我在诺亚还负责制定激励机制。

激励是一门很重要的学问，当时诺亚的激励机制包括两个部分：一个是现金奖金，另一个就是股权。最初，每个人拿到的奖金额度完全由汪总来决定。在我进入诺亚之前，奖金分配并没有一个明确的公式。

我后来挖到了一位非常优秀的人力资源负责人，他曾经是我在麦肯锡的同事，当时在猎头公司工作，专门做人力资源管理。我让他来诺亚总负责人力资源的工作，与我共同推进奖金-股权激励专业化。我们需要解决的问题是，如何实现科学的奖金和股权分配，而不仅仅靠公司老大凭印象决定。

需要指出的是，关于激励机制，由汪总"拍脑袋"分配并非一定不好，但有一个问题是，对很多高管来说，汪总对他们的看法决定了奖金的有无和多少。这样的话，在发奖金的前几个月，很多高管就会觉得老板说什么，他就执行什么，尽量不要出现冲突，从而保证可以拿到奖金。但这样一来，可能就会影响一部分高管的独立判断能力，这对企业的发展还是影响很大的。

因此，为了更有效地激励员工，我们提出三个考量维度：一是个人的年度表现，二是岗位的重要性，三是个人对于诺亚未来发展的重要性。根据这几个维度，我们会综合判断员工获得奖金的额度。

另外，诺亚每年会拿出 1% 的股权，作为激励分给有作为的高管。当然，股权激励一开始也主要是基于汪总对于核心高管的判断。但我觉得，这样的方式还需要继续改善，因为初期的这种分配方式不太利于核心高管的个人发展和公司的长远规划。

因此，我同汪静波商量了两个关键性议题。一是开始筛选公司的核心团队成员。当时初代的创始团队人员中有一部分人已经离职，或者有其他想法。因此，当下需要打造新一代的团队。二是将奖励范围缩小，改变之前人人都可以获得奖励的方式，聚焦于前30名高管，这样他们拿到的股权会更多一些。

我还想到，诺亚已经成立十几年了，可能缺乏创新，同时创业团队也会出现疲劳期。因此，在我进入诺亚的第三年，我们着手推动了诺亚合伙人的概念，在此之前需要筛选出一些人成立一个委员会，这些人是在未来可能推动诺亚发展的重要人物。

其中还有一个小插曲。有一次我分配好股权后，就飞到美国度假。在美国突然接到一个电话，我才知道公司有一个核心高管对这次的股权分配不太满意，认为有失公平。但我当时并没有很在意，我觉得我所有的决定和结果都是透明的，也是符合规定的。汪静波也十分信任我。虽然当时那位高管在背后说了一些不好听的话，但是汪静波告诉我，她认可我的做法，但还是需要我回来处理一下这件事。

度假结束后，我飞回了上海，在回到公司之后我才发现这件事有多严重。那位对我的分配方案不满意的高管，一走进我的办公室就哭了。他很委屈地说："Kenny，你分配给我的股权并不能与我多年来为诺亚做出的贡献相匹配，我觉得你的做法很不公平。"我有些惊讶，因为我觉得整个股权分配过程都是透明的，我也跟诸位高管沟通过如何分配股权的问题，没想到他竟如此不满。

　　我通过这件事学到了很多。我了解到，公司的高管很多时候并不太愿意公开提出一些意见，尤其是面对集团总裁这个层级的人物。有时候，你做完一个报告，这些高管虽然没有即时给你反馈，但并不代表他们没有意见，他们只是不敢或者不好意思开口。但我当时还是那种老外思维。我想的是，我已经跟你沟通很多次了，你都没有提出不同的想法，那我就自然而然地觉得你同意我的想法。

　　因此，沟通还是需要多维度的，不然的话，很多隐藏的问题很难被发现。如果没有留意到这些问题，可能会在工作中造成不必要的矛盾。

　　话说回来，汪总一开始并不是完全接受我提出的股权激励机制，但同时她又愿意让我尝试。就汪总个人来说，她其实对公司高管的认识很深入，并不是一般人以为的老大"拍脑袋"就决定一些事情的。因此，在我离开诺亚之前，我们已经配合得很好了：一部分的奖金按照制度分配，另一部分由汪总安排。比如有100元，其中80元是按照制度分配的，剩下的20元由汪静波自由分配，以此达到一种平衡。

　　其实，这种平衡还是很难把握的。毕竟诺亚在当时已经算是一家比较成熟的公司，尽管老板觉得对自己的员工很了解，但说实话，老板也不是事事精通，公司内部可能存在一些汪静波不知道的事情。所以我的想法是，利用管理制度，尽量避免这种情况的出现。

　　这里还有一个小故事。每年董事会按惯例只会批给我们1%的股权和期权分配额。但有一年，我们超出了1%，大概到了1.2%。那个时候沈南鹏还是我们的董事，我身在美国，只能通过电话跟他沟通，说服他多给一些股权。因为当时公司人心不稳，同时我们还在推动股权分配倾向于核心人员的计划。沈南鹏了解情况后，十分支持公司的未来计划，最后批准了这一"特殊"的要求。

　　激励机制的一个特殊部分是歌斐资产。歌斐资产是从诺亚财富中分离出来的，基因中还是带了诺亚财富的元素。在麦肯锡战略改革推动后，诺亚财富是聚焦销售和开放的产品平台，歌斐资产是一家独立的资产管理公司，主要聚焦于投资，因此歌斐资产的激励方式不能用财富管理的概念。我跟人力资源负责人大力推动歌斐资产的激励机制改革，包含如何使业务人员有更高的业绩回报、分享投资能力等。这在投资界十分重要，因为从财富管理的角度来看，销售量是核心，但从资产管理的角度来看，AUM（资产管理规模）不是核心，投资的表现才是最重要的。

　　这个改革方案经过了多次讨论，但有些遗憾的是，在我离开的时候，这一方案还没有得到很好的落实。总之，要我给自己在激励机制的推进工作方面打分的话，我大概只能给自己一个C，或者是B，因为到最后，诺亚合伙人的概念和歌斐资产的激励机制还没有很好地实现落地。

- 6 -

除了上述这些改革工作，我在诺亚的一个亮点工作，就是帮助诺亚进一步实现了国际化。在这个过程中，我也与不少华尔街顶尖人物建立了联系。

在我去诺亚之前，诺亚在香港的业务主要由后来出任首席财务官的庄尚源推动。当时的故事很简单，汪静波想要在香港开个分公司，于是就给了庄尚源一个破房间，他在这里开始推进拿牌照等工作。

可惜事与愿违，在香港推动的美元产品业务受阻，客户并不买账，因为美元产品的回报率相比国内产品差很远。庄尚源告诉我，就算他花费很大精力来募集，一开始也就只有一两千万美元。

我加入诺亚后，与庄尚源一起推动香港的业务，香港公司才逐渐步入正轨。我与庄尚源在工作中非常合得来，因为我很喜欢他在香港的管理风格。于是，我们通过我此前在香港积攒的人脉，与行业龙头谈合作，帮我们的平台募集资金，同时大力推动人才建设。

我还请来了亚洲第一代对冲母基金管理人马晖洪出任诺亚的海外首席信息官。因为马晖洪这样的专业人才的到来，许多人才更有意愿加入诺亚了，所以我们在香港形成了一个人才引进的良性循环。不少私募基金、法律顾问领域的人才都陆续加入了我们的团队。

在这些人才的推动下，诺亚香港公司从很小的业务量发展到一年能够达到 15 亿~20 亿美元，成为香港最大的财富资产管理平台之一。当时华尔街巨头黑石就告诉我，诺亚香港公司的业务量在亚洲是数一数二的，甚至比许多有名的私人银行都多。

出于对诺亚实力的认可，很多华尔街的领军人物都愿意来诺亚进行分享，包括黑石集团创始人苏世民、凯雷投资集团创始人大卫·鲁宾斯坦、橡树资本创始人霍华德·马克斯。

有一次，鲁宾斯坦有事前往上海，凯雷中国区的负责人告诉他，你一定要去诺亚，因为诺亚代表的是那些带动中国经济发展的企业家。当时诺亚的规模没有后来那么大，我还记得鲁宾斯坦到诺亚后并没有什么特别的表示，但是两年后，他就与我联系，表示想要与客户进行交流。于是我们在深圳举办了一场凯雷沟通分享会，邀请鲁宾斯坦参加。当时大概有 1 000 人出席了这场分享会，大概还有 1.5 万人通过线上参与。在这场分享会上，我发现鲁宾斯坦对客户的敏锐度非常高。他的分享开场白是："我此次主要的行程有两个：一个是完成美国总统的任务，代表美国商界会见中东领袖；另一个就是来诺亚见你们。"

除此之外，马克斯也来了诺亚很多次，参与了四五次活动。他也是参与活动最多的嘉宾，不管是大大小小的沟通会，还是诺亚上市的周年纪念，他都全程用心地了解并学习诺亚的发展历程，试图理解为什么诺亚可以发展，为什么诺亚可以募集到这么多资金。每次沟通会结束后，都需要用上此前预留的一两个小时，供马克斯"表演"。因为客户会排起长龙，就为了让他在他自己的著

作（如《投资最重要的事》）上签名。他在中国感受到了明星般的
待遇。

这些华尔街大佬和诺亚的互动故事，不仅反映了诺亚的持续
成长和国际化程度，而且体现了他们对于中国市场的看好。

就在诺亚香港公司的发展蒸蒸日上之际，我顺势对汪静波和
殷哲说："我们要不开始推动真正的全球化吧？"于是在一年内，
我们在加拿大、澳大利亚和美国三个国家开了分公司。

有意思的是，在加拿大、澳大利亚和美国的业务负责人均为
非常优秀的女性，我当时常开玩笑说，我生命中的 5 个老板都是
女性——除了这三位国际化的负责人外，还有我的太太和汪总。

说实话，对于进军加拿大、澳大利亚和美国，我们一开始并
没有很清晰的计划，仅有一个简单的概念：国内客户全球化以及
全球客户对中国的兴趣。我们进展得这么顺利，其实也得益于当
地政府的支持：加拿大温哥华市长以及不列颠哥伦比亚省省长都
非常支持我们将诺亚的业务拓展到当地，我们在澳大利亚的墨尔
本也召开了很多场客户沟通会。总之，当时全球都非常接受中国
人，非常乐见中国公司的建立，希望引进一个正在全球化的中国
平台。

整体来说，诺亚在这三个地区的发展可以说是比较成功的。
在我离开诺亚时，诺亚的非中国收入占总收入的 20% 以上。不
仅如此，我们的海外声誉也有所改善。一开始大家不太了解诺亚，
在我和庄尚源做了大量的对外宣传与沟通工作后，外界的看法才
有所改变，也因此大家总认为我代表的是诺亚的国际化面孔。

诺亚在国际化最高峰时期的股价甚至达到了每股 69 美元左右，当时大家一想到中国财富管理就会想到诺亚，这也是海外对诺亚产品认同感的提升。有一次，苏世民来诺亚召开了一个诺亚-黑石另类资产研讨会，我们公司所有的核心理财师都与苏世民进行了深入的交流。对苏世民来说，黑石集团要进入中国市场，诺亚可以作为其核心伙伴，帮助其接触到一些新的财富来源。所以他花了半天的时间"培训"我们的理财师。我想在这个过程中，他应该了解到诺亚的客户类型，以及正在增长的财富内容。

- 7 -

在诺亚的实战过程中，我有不少心得，当然也有反思。

从麦肯锡到诺亚，有些差别让我多了一份思考。在麦肯锡，我主要是将自己的想法和建议提出来，但到了诺亚，作为集团总裁，我需要做的是将想法和建议实现落地。

以前我提出的想法或许十分美好，常跟人说，这个市场这么大，我们可以先完成 5 个步骤，抓住市场，等等。但在实践中，我发现有两个必须重新学习的地方。

首先，要让前线负责人充分了解核心高管的战略内涵和推动步骤，这一步需要经过多次沟通和讨论。如果你只是在一两次战略会上讲明白了战略背景，以为互相了解，大家都明白了，在执行的时候，这个计划可能就会走样。

因此，诺亚每个月都会开一场战略会，在会上讨论未来计划的走向等。虽然战略并不会出现很大的改变，但是通过不断的沟通，达成共识，能让前线负责人真正了解和接受公司想要推动的东西，同时又可以收集很多新的想法。

其次，我在进入诺亚的最初几年，发现身边的高管不太愿意直接跟我透露他们的真实想法。他们经常讲我愿意听的话，但这导致在执行过程中出现很多问题。

我后来反思了一下，这种情况部分归咎于我。之前汪静波也跟我说过，我开会非常有效率，但通过这样的会议有没有真的收集到不同意见的声音呢？可能未必。因为太有效率，每次我说要开一个小时的会，预设问题就要在这一个小时之内解决。汪静波开会的风格是没有"终点"。她认为，将一件事情彻底说清楚，这才算结束。

我在麦肯锡的时候就被要求有效率，主管定好每次的议题，每个人给出自己的意见即可。但诺亚的员工并不是麦肯锡培训出来的，他们不会在一开始就将自己的问题讲清楚，他们总是说"对"，但真实的想法可能未必如此。因此在这个过程中，我还是走了很多弯路。

我以前的同事也提醒我："你要记得你在麦肯锡工作的环境，因为每个人都接受了那种培训，所以解决问题的方法是可以很快落实的。但是一家本土企业拥有 3 000 名来自不同教育背景、不同工作环境的员工，你不能用一套方法来解决所有的问题。"

这对我的启发很大。到诺亚两三年后我才发现，我并没有听到真实的想法。我大概从第三年开始，就不再简单地听身边的高管提供给我的信息，而是开始走到前线，亲身了解客户给予的反馈。如此一来，能让整个战略图景更加丰满。

领导力固然很重要，但是也要给执行者提供动力。比方说，像之前说的，一开始我们提出成立研究工作坊的想法，这个概念在前线看来可能会比较奇怪，他们会质疑为什么要选择专业驱动，认为以爆款产品推动来得更直接。

因此，当时连工作坊的标识我都亲自设计。我要向同事证明，我很重视这个项目，要让身边的人感受到我对于执行力的欲望和实现项目的渴望，并与我一同作战。

有一个小插曲。有一次我们去沈阳，战略部被安排在一家不是很合格的酒店开会。当时大家是放弃了十一假期来开这个会的，在一个环境不是很好的地方连续开 5 天的会议，可能会让大家感到不太舒服，而且当时还是诺亚成立 10 周年的特殊日子，这样的安排肯定是不行的。

我那天落地的时间是下午五六点，看了会场就觉得不行，当天晚上就在沈阳四处寻觅合适的会议场地。当时我、赵义还有我太太三个人跟着司机师傅，满沈阳的找地方，很幸运的是，在离原定开会地点不远的地方找到了一家合适的酒店。由于临时更换酒店，其中有一部分额外的支出是我自己支付的，因为我觉得其中也有我的责任。

　　我这么做也是为了让那四五十位高管看到什么叫作使命必达。这不是形式主义，而是出现问题必须及时、亲自去协调。我当时并没有让我的助理去帮我，而是由我、赵义及我太太一起去找合适的场地。

　　这种真正去落地、实战的感觉完全不同，就像汪静波说的那样——手感不同。找会议场地如此，推进各项改革工作同样如此。

- 8 -

　　如果有人问我，在我经历了诺亚的实战与接地气的工作之后，再回到麦肯锡，我会有哪些改变，我想，首先我不会再做 5 年计划，因为我觉得没有意义，真正有意义的是 1~3 年的计划。因为市场变化太快，任何超过 5 年的计划都是没有意义的，对于 5 年后有一个大概的目标就好了。

　　其次，我会多花一些时间去关注 CEO 的人才储备。因为我发现再好的战略，如果没有一个合适的人来执行，这个战略也没有很大的意义。比如在诺亚的时候，我要推动 IT 改革，如果没有相关负责人，这个战略就很难实现。推动新的东西需要有创新意识，也要有能者参与。激励、留住人才是非常核心的问题。人才与不好的员工之间的差别，就是 1 与 0 的区别。

最后，在麦肯锡的时候，我非常善于给客户提意见，但是我觉得我没有花很多时间去倾听。倾听并不是流于形式，不是你讲完你的意见就结束了，而是要多维度沟通，听到客户和团队的声音，这样才能得到你想要的信息。在这方面我确实有些欠缺，很多时候我觉得我的建议不够充分、不够全面，很大程度上是因为我对客户的了解不深。

实际上，从一个旁观者转变为一个真正的执行者，对于考量麦肯锡这样的咨询机构也有一些启发。我在诺亚的这几年，并没有使用过麦肯锡的服务，但我会请他们来做一些宏观的分享。而在执行方面，我们就请了奥纬咨询，它比麦肯锡便宜60%左右。

奥纬咨询有执行力，也接地气。麦肯锡其实更善于指出一个中长期的宏观趋势，但对我来说，中长期的趋势并不是很有用。目标很重要，但是更加需要执行落地的实际方案。这是我在诺亚工作4年半的时间里最重要的反思之一。

当然，在诺亚工作的那段时间，其实也有很多遗憾：一个就是激励机制，另一个就是我没有认真去学习产品筛选这个核心部分。诺亚的核心就是产品销售，在销售客服、平台建设等方面，我都比较熟悉，但是对于国内如何做产品筛选，尽管我参与其中，但说不上有很高的敏锐度。

遗憾之外，要说我做得比较有特色的工作，我认为还是那个老话题——差异化。在我进入诺亚的时候，外界认为诺亚是一个在国内做得不错、有点"土豪"的财富管理公司。那个时候，我觉得我们应该找到一个合适的定位——全球华人都喜欢且接地气的财富管理公司。土豪跟接地气可是两回事。

接地气的意思是说，国内的有钱人会优先考虑可以跟他同声同气的财富管理机构，而不是瑞银集团这种高大上的机构。因此，我想打造接地气的定位，于是提出：我们是对全球华人来说最接地气的财富管理公司，不仅是国内，世界各地的华人都可以选择我们，因为我们可以提供最适合他们的服务。

接地气之余，我们相对于国内同行则要突显国际化。那时，国内的财富管理公司仅有几家，比如招商银行、中国平安和诺亚。因此我们必须实现全球化，打造中国人在全球的桥梁，从而在本土市场脱颖而出。所幸市场也接受我们这样的定位和差异性，那个时候我们的股价也上涨了很多，一度被称为国内的瑞银。

当然，我能顺利推动国际化等工作，与汪总的信任和支持密不可分。我的感受是，职业经理人能够发挥的空间，在很大程度上取决于创始人的胸怀及其所提供的空间。

必须承认，我在诺亚能够有很好的发展，主要就是因为汪总。汪总很接受由一个职业经理人来帮助推动公司发展。我在麦肯锡的同事中也有不少人到一些很有影响力的企业去做职业经理人，但由于创业者的胸怀不够，提供给职业经理人发挥的空间有限，结果就是双方互相浪费时间。

所以，现在的创业者要想找一些机会来推动家族企业的发展，就必须营造一个可以产生化学作用的环境。职业经理人和企业创始人之间要做到相互匹配和信任，否则是走不下去的。

说实话，一起工作了这么多年，我跟汪总之间并没有多少矛盾，可能我们之间还算客气。虽然汪总是个很直接的人，和很多人起过冲突，比如赵义、殷哲，但我和汪总之间很少吵架。或许是因为语言和成长环境的不同，汪总理解我的教育背景和我长期形成的性格特点，会用不同的方法跟我沟通。我们相互之间也会直接指出对方的问题，而不是藏着掖着，这样也不会累积矛盾。

总之，作为职业经理人，我深切感受到企业创始人愿意给空间有多么重要。正是因为汪静波的胸怀，我才做出了这些成绩，完成了从顾问向职业经理人的重要一跃，并在这个位子上积累了宝贵的经验，成就了一个更加成熟的自己。

第 12 章

诺亚尾声

心得总结   *

时刻评估自己的价值：人在一个组织中会经历各种变化，比如从磨合期、上升期到平稳期乃至平庸期。我在诺亚也经历了类似的变化。随着诺亚的各项工作日趋稳定，我开始问自己一些问题：我还能为公司创造什么价值？我还能在这里学到什么新东西？

岗位永远在变化：在不断变化的时空中，总有当下最匹配的人选，所以没有一个岗位是永远属于一个人的。虽然诺亚在 2014 年刚好需要我这样的人去做集团总裁，助其国际化、专业化，但是当诺亚进入落地执行阶段时，或许便需要更加接地气的人来接手。

"空降"总裁不好当：之所以建议集团总裁候选人最好是内部人士，是因为我充分意识到"空降"的难度。事实上,"空降"总裁的成功率非常小,因为团队对你根本没有认可度。我当时也算是"半空降"的,因为麦肯锡的关系,之前我已经跟管理层有很紧密的合作了,所以诺亚的十几位核心高管都认识我,我们之间也有一定的默契。而要从外面找一个完全"空降"的总裁,是很难的,所以我建议从内部提拔。

走出舒适区:诺亚和 Two Sigma 是处于两个极端的两家公司。诺亚是本土化、旨在推动与华人有关的业务执行的公司,Two Sigma 则是具有国际化视野和能力、青睐分析方法和研究方法的公司。我很喜欢这种不同的极端,因为我的人生原则一直是,人要走出舒适区,面对自己越不熟悉的东西,能学到的东西可能越多。麦肯锡也告诉我们:你永远不会达到一个准备好的状态,因为你永远没有准备好,所以放手去做吧。

- 1 -

人在一个组织中会经历各种变化,比如从磨合期、上升期到平稳期乃至平庸期。我在诺亚也经历了类似的变化。随着诺亚的各项工作日趋稳定,我开始问自己一些问题:我还能为公司创造什么价值?我还能在这里学到什么新东西?

在麦肯锡当顾问时养成的国际化视野和能力，以及麦肯锡的管理方式，对我帮助诺亚实现专业化、中后台改革以及 IT 领域的扩展颇有裨益。因此，在前几年的工作中，我很容易就找准了自己的定位。但进入平稳期后，作为集团总裁的我，开始有些彷徨。

2014 年 12 月到 2019 年 4 月，我在诺亚待了大概 4 年半的时间。说实话，在诺亚的最后一年，我内心也经历了不少挣扎。一个中国香港人进入一家在美国和中国香港上市的中国企业担任集团总裁，压力还是蛮大的，大部分的压力来自这样一个问题：作为公司的集团总裁，我还能为公司带来什么？

当时，诺亚的整体运作已经比较顺畅，每个板块和环节都有优秀的领导人负责。比如，在销售方面，赵义作为主力正在全力推动；在资产端和产品端，汪静波和殷哲也十分上心。但是，集团总裁这个岗位比较"奇怪"，因为尽管我同公司的创始人一起工作，一起思考战略和帮助推动项目落地，但有些员工难免疑惑，他们会想，是我说了算，还是汪总说了算。

按照惯例，我作为职业经理人，汪静波作为创始人，我们的分工是明确的。公司的日常工作由我来主持，创始人会选择性地推动某些项目。但是汪静波比较年轻，也比较有想法，因此说实话，更多的时候还是汪静波说了算。

在诺亚的头三年，我能明显感觉到，汪静波"刻意"提供机会和平台让我自主推动一些项目。最初的那些工作对我来说很简单，我身边的人也十分肯定我，他们认为我的到来使诺亚更加国际化，也更加专业。在我的推动下，诺亚开始尽量避免直接决策，把工作流程体系化。当时我自己内心对于要做的事情是很明确的，大家有统一的目标，我的管理能力与汪静波对于产品的洞察力也很匹配，于是我们联手合作，而诺亚的股价也在公司进步和业务增长的同时提升至每股 69 美元。

但到了最后一年，我感觉自身的价值正在不断下降。因为当时内地发展得很快，不管是监管的法规还是客户的需求，各个方面都在飞速进步。作为一个还没有完全本土化的香港人，并且当我家在香港，大部分时间驻在香港，聚焦于集团和国际平台工作，我很难完全接地气地将公司推动到一个新的阶段。我强烈感觉到，我很难继续推进一些事情，也很难继续为公司创造更大的价值。因此，我有些迷茫，不知道自己未来还能为诺亚做些什么。

当然，我也在不断帮助诺亚寻找一些新的发展空间，例如寻找新的牌照、扩展新的合作空间，因此我有幸结识了 Two Sigma。因为当时我们想帮助诺亚推动量化投资，所以就有意推动 Two Sigma 的团队与诺亚合作。不仅如此，我们也不断推动全球化进程，我在诺亚最后的一两年里，推动公司在澳大利亚、美国、加拿大、新加坡建立了新的办事处。我希望从这些举措中找到个人内在的定位，但确实感觉有点吃力，目标不明。

在我参加的最后一场务虚会上，汪静波抛出一个很有意思的问题："你们认为 Kenny 还能继续做集团总裁吗？"其实我很喜欢这种直接的谈话风格，所以在我听到这个问题后，我也在思考，真的有永远属于自己的岗位吗？

其实，在不断变化的时空中，总有当下最匹配的人选，所以没有一个岗位是永远属于一个人的。虽然诺亚在 2014 年刚好需要我这样的人去做集团总裁，助其国际化、专业化，但是当诺亚进入落地执行阶段时，或许便需要更加接地气的人来接手。

汪总提出这个问题，并不是表明诺亚不再需要我，而是为了帮我找到一个更好的定位，更是为了明确各人的业务定位，比如谁负责推动国际化，谁负责财富板块的业务等。这是诺亚促使员工思考的一种工作风格，并非在为岗位调整做铺垫，因此当我后来提出离职时，汪总反而十分惊讶。

很难说是哪件具体的事情让我选择离开，这个过程非常复杂。我感到，此时需要一个新的力量推动诺亚发展，自己也需要学习除执行以外其他领域的能力。就像我在铁树开花那年离开麦肯锡一样，我好像再次感受到了上天的召唤，鼓励我踏上新的人生征程。

2018 年年底，我决定提出离职。当时正好是诺亚的钻石年会，也就是邀请诺亚的黑卡客户等核心客户参加的一次年会，这算是我们每年的重点节目。就在那时，我开始思考应该如何向汪总提出离职。

年会结束后，我告诉汪总，我觉得我对于诺亚的价值可能已经全部展现出来了，因此我想找一个新的平台。而我来到诺亚的时候签订的合同也是 5 年期的，时间上正好。

- 2 -

其实，我想要离开诺亚，还有一个很重要的外部因素，即家庭。当时我在多个城市和香港之间频繁往返，家人都在香港。

那时，我跟家人相处的时间很少，而我的两个儿子正是需要爸爸陪伴的阶段。仔细想想，15年的麦肯锡生涯跟在诺亚工作的时间加起来总共大概20年，在这期间，我都没有好好在香港跟家人待在一起。

那几年的情况是，我周一到周五都在外地（全球各城市），只有周末在香港，于是我的孩子总是叫我"周末爸爸"。为了充当一个"好爸爸"，我陪着孩子打游戏、看电视，做一切他们喜欢的事。我的太太告诉我："你纵容了他们之后却很快走掉，而我需要从周一到周五重新帮他们培养好的生活习惯，收拾你留下的'烂摊子'。"我自己也反思，这样的家庭生活是畸形的，为此也很内疚。

我太太有时会跟我说："你快45岁了，是不是要找些不同的工作方法、工作环境？"基于这些不同方面的考虑，我对汪总说，除了我个人感觉作为一个集团总裁，在推动新的东西时有点找不到定位，我还感觉到了家庭方面的压力。

对此，汪静波的第一反应是："Kenny，我们还有很多事情要一起推动啊！"我感觉中国的企业家会把核心岗位的员工当成家人。汪静波作为诺亚的创始人，把核心高管当作家人看待，而家人是不会分开的，所以也就不存在离职这种说法。

相比之下，麦肯锡员工的流动率是很高的，他们也鼓励离职。因为他们觉得带着麦肯锡的经验去一个新的岗位上发展，更像是在给麦肯锡做宣传。相反，在诺亚，大家认为互相之间的合作应该是长久的，不是四五年的事情，是 10 年、15 年、20 年甚至更久的。所以那个时候汪静波说："如果是家庭原因，就不要到处飞来飞去了。毕竟我们都很熟悉，所以你人在哪里没有很大的影响，同时能把香港的业务做大，这样也很好啊。"

我很感激汪静波的好意，当时没有直接回绝她，回去考虑了两周左右。到 12 月底，我还是下决心提出离职。

- 3 -

在我向汪总提出我要离开诺亚之后，她也在考虑找一个人接替我成为集团总裁。

当时，我向汪静波推荐了两个人选，一个是当时的首席财务官庄尚源，另一个就是赵义。我觉得他们两个都是十分优秀的集团总裁候选人。

我一直很喜欢庄尚源，他做事很用心，当时诺亚香港公司刚刚开始发展，员工的薪资不够，他就拿出自己的奖金贴补给大家，因此前线的工作人员都很尊重他。在他成为集团首席财务官后，我们之间搭档得也很默契。

赵义也是一个不可多得的人才。他一开始只是一个区的经理，是汪静波从中国平安挖过来的。此前麦肯锡推动诺亚改革时，他就起到了很大的牵头作用。可以说，麦肯锡的建议很好，但如果没有赵义的推动，未必能充分实现。我们前线的许多事情，包括销售的节奏、流程都是由赵义来牵头推动的。他对整个销售的体系文化建设做得非常到位。

我之所以推荐的都是内部人士，是因为我充分意识到"空降"的难度。事实上，"空降"集团总裁的成功率非常小，团队对其根本没有认可度。我当时也算是"半空降"的，因为麦肯锡的关系，之前我已经跟管理层有很紧密的合作了，所以诺亚的十几位核心高管都认识我，也和我有一定的默契。即便如此，也存在不少磨合的问题。我觉得从外面找一个完全"空降"的集团总裁是很难的，所以我就建议从内部提拔。

此外，殷哲、章嘉玉都是跟汪静波配合了很久的创始团队成员，对于很多事情，有时候他们三个的想法太接近了。我推荐赵义和庄尚源，也是因为他们之前都是在诺亚之外工作的，肯定可以为诺亚带来一些新的想法。

最后，汪总选了赵义担任集团总裁。虽然我并不是十分清楚汪总选择他的前因后果，但我觉得其中一个原因应该是汪总考虑到集团总裁需要得到前线的认可，而赵义是最佳人选。

其中还有一个小故事。在赵义听说他要接我的班后，他就开始认真学英语。因为他觉得在任职集团总裁以后，工作中的国际交流沟通就会增多，英语还是主要的沟通语言。但我告诉他，不用刻意去学，一方面，能够沟通就好了，不一定非要达到娴熟的程度；另一方面，自己要认可自己的背景，不需要模仿别人，要相信自己的特色。

庄尚源尽管没有升为集团总裁，但也没有就此立即离开诺亚。不过，两年之后，他还是去了香港一家很有名的企业任职首席财务官，职业生涯上更进一步了。

- 4 -

接下来，再聊聊我的新东家 Two Sigma。

我一开始与 Two Sigma 接触，主要是因为诺亚想跟他们合作，我也跟他们的团队和创始人聊了很久，但是后来他们认为，他们很难跟诺亚合作，因为 Two Sigma 是一家专注内部研发和管理的公司，所以跟第三方机构合作是有难度的。

当时我就感觉很疑惑，既然知道互相之间不适合合作，那么为什么还要跟我聊这么久？他们说："我们觉得你挺有趣的，很想了解一下你。我们也很想邀请你来当我们的亚太区 CEO，不知道你是否有兴趣？" 2018 年正值 Two Sigma 大力推动中国和日本业务，需要找一个比较了解亚洲环境和市场的总裁，竟然就找上了我。

他们邀请我任职的岗位最初是不存在的，当时只有香港办事处经理这样一个岗位。他们需要一个资深的经理人来推动公司在中国和亚洲的进一步发展，这个时间点对我们双方而言都刚刚好。我后来才知道，长达一年半的讨论是他们对我的"面试"，这种讨论并非聚焦于诺亚和 Two Sigma 的合作，而是更深入地了解我的能力。从这件事就可以看出，Two Sigma 是非常谨慎小心的。

2018 年年底，他们向我发出了 offer。我在拿到 offer 后，就正式向汪总提出离职。

2019 年第一季度，我的工作主要是交接我在诺亚的工作。当时汪静波也跟我说，离开之前要把 2018 年的年报做好，因此 2019 年 2 月，我向美国证监会、诺亚股东等做了最后一次的年度汇报。

在诺亚的最后一年，我不断思考并试图发现自己的短板，勇于面对自己能力有限的现实，承认自己并不是任何时候在任何地方都能够创造价值。同时，在诺亚的工作让我的执行力提高了很多，如果没有诺亚的实战经验，就算我在麦肯锡再资深，Two Sigma 也只会把我看作一个顾问，更不会邀请我做他们的亚太区 CEO。从这个意义上说，诺亚生涯在我的个人发展中起到了至关重要的作用。

最后，我的心态也更加平和。诺亚对我来说真的很重要，但是人生有不同的阶段和不同的挑战，我当时选择 Two Sigma 的原因之一就是看到传统的资产管理市场被颠覆了。在诺亚的四五年，我学会了接地气、实践性的执行方法，加入 Two Sigma 后，我更想要去学习一些新的想法、新的科技、新的数据分析方法等。

　　事实上，诺亚和 Two Sigma 是两个极端。诺亚是一家本土化公司，Two Sigma 则是具有国际化视野和能力、青睐分析方法和研究方法的公司。我很喜欢这种不同的极端，因为我的人生原则一直是，人要走出舒适区，面对自己越不熟悉的东西，学到的东西可能越多。麦肯锡也告诉我们：你永远不会达到一个准备好的状态，因为你永远没有准备好，所以放手去做吧。

　　如果没有 Two Sigma 的 offer，或许我不会这么快就离开诺亚。因为以我当时的年龄，要找到一个与自己的经验和能力相匹配的工作是很难的。但"要离开""寻找新定位""回归国际化"等想法肯定是一直存在的。

- 5 -

　　当然，我应该也给诺亚留下了一些东西，比如国际化视野、专业化管理，以及一些有关人才激励和培养的机制。

　　诺亚内部原来只有精英培训计划，主要针对排名前 10% 的员工。后来，我推动建立了一个培养制度，让中层员工感受到公司的关怀。

　　另外，我也建立了一些机制，将公司的优秀员工送去哈佛大学、牛津大学等国际顶级院校学习，他们深造回来后会继续在岗位上工作。其目的不仅仅是培训内部员工，也是让他们去宣传诺亚，破除大家心目中对诺亚的刻板印象。这些项目在我离开后可能就没人继续推动了。尽管如此，我相信自己还是给诺亚留下了一些影响。

此外，由于汪总工作繁忙，也因为我也不愿意打搅汪静波的生活等原因，在我离职以后，我与汪静波的联系日益减少。或许是汪静波感到找一个合适的人出任集团总裁并非易事，再加上2020年的这场疫情让汪静波更加明确了公司的战略调整方向，而许多东西是一个外来的职业经理人很难执行到位的，于是，汪静波开始亲自上阵主抓管理。

- 6 -

前面提到过，作为一个中国香港人，到一家在美国和中国香港上市的中国企业出任集团总裁，还是有点具有挑战性的。我需要克服文化、习俗、背景等方面的差异，而接地气一直是我在诺亚无法回避的话题。这也促使我思考，中国香港人，尤其是中国香港的年轻人，应当如何更好地融入中国或者与中国有关的发展。

这两三年，香港频发一些社会性事件，我认为这些事件发生的核心原因是香港的年轻人感觉自己被边缘化，香港相对于其他城市的竞争力在减弱，无法很好地融入中国发展的大环境中。他们中的一部分人看不到希望，于是酿成了社会动荡。

面对这样的问题，我认为一味鼓励香港的年轻人去深圳工作，并非一个很好的解决方案，而是首先要让这些年轻人意识到香港的市场因为大湾区的发展有了更多的机会，他们不应该抗拒而应该做好准备迎接这些机会，要更多地了解国家的发展情况。在了解城市、国家的发展动态后，才可以考虑是否去深圳或者广州发展。

同时，香港人本身是具有优势的。2014 年的许多国内企业需要一个接地气的总裁，或许这样的岗位不适合香港人，但是如今我们发现，越来越多的公司开始追求全球化，而香港人在全球化的道路上更具优势。

所以，熟知每个时代的定位与自己的能力，就可以找到一个适合自己的发展机遇。同时，应该敞开心扉，走出舒适区，拥抱更多的可能性。这是我在诺亚工作的深切感受，希望能够给一些香港的年轻人带来启发。如果能对内地与香港的融合发展起到一些正面作用，那么我会非常开心。

第三阶段

沉淀和再出发:
人生是一个
自我学习的过程,
思考如何用累积的
经验和人脉,
正面地
帮助和影响
社会

第 13 章

走出舒适区

心得总结　　*　　**不能停止前瞻性学习：**回顾我过去的职业之路，可以这样概括：在麦肯锡，我是在不断学习新的东西；在诺亚，我是在不断地将我之前学到的东西执行落地。而在诺亚工作四五年之后，我感觉自己需要一个新的冲击，让我可以学习新的东西。在这种情况下，当技术、数据驱动的 Two Sigma 邀请我加盟时，我毫不犹豫地接受了。

中国和"其他"：二十几年前，当我还在麦肯锡做分析员的时候，我们会说亚洲的一半是日本，另一半是"其他"。但现在发生了巨大的变化：亚洲的一半是中国，另一半是"其他"。所以，如果你想知道亚洲的总量有多大，你只要把中国的体量乘以 2 就知道结果了。

走出舒适区：尝试做一些自己不擅长的事，走出舒适区，对每个人的成长至关重要，但这并不意味着你随意找一些不懂行的事情去做。这是一个艺术的过程，你需要找到一个可以实现自我价值、不偏离人生大方向但原本不太擅长的事情去做。

不要只看品牌选企业：我发现，很多人会根据公司的品牌选择企业。但其实，我们真正应该关注的是这家企业在整个行业中发展到了哪个阶段，以及你参与的这个节点是否合适。正如大家经常调侃的"站到了风口，猪都能飞起来"，如何找到"正确的风口"，才是最重要的。不然，盲目走出舒适区，只会浪费时间。

- 1 -

如今，我加入了 Two Sigma。自从离开沃顿商学院后，兜兜转转，我又回到了华尔街的轨道上，成为这个庞大金融世界的一分子。

尽管 Two Sigma 的历史并不算长，但足以在量化对冲界称为佼佼者。多年来，在主动交易式微的背景下，传统对冲基金饱受业绩下滑的困扰。然而，依赖大数据和人工智能的 Two Sigma 却异军突起，一举成为全球最大的量化对冲基金。

该公司由著名量化投资人大卫·肖恩的徒弟约翰·欧文德克和大卫·西格尔于2001年创立，目前已在纽约、休斯敦、伦敦、香港、上海和东京设有办公室，拥有2 000多名员工。对一家对冲基金公司而言，这一人数已然非常庞大。

与其说是金融机构，Two Sigma更像是一家高科技公司。在2 000多人中，约有2/3的人专门从事模型研发。他们围绕以下4种类型的信息开发交易算法：技术信息，例如股票成交量；基于事件的信息，例如信贷机构的行动、公司并购等；基本面数据，例如公司的财务报表；经纪人的第一手调查，以衡量市场情绪。在欧美等发达市场，量化基金经理利用复杂的算法从价格的变化中通过交易迅速获利。

当时我也看到整个资产管理行业出现了一个新的发展趋势。行业内部的资产管理公司主要分为两种类型。一种是被动管理型公司，它们有大量被动管理的产品，只有少量主动管理的产品。这种公司整体收费比较低，它们的目的是帮助大量客户通过可能的方法参与市场。

另一种就是主动管理型公司。主动管理的传统做法是找一位首席投资官，由其背后的分析员负责分析不同的股票。当然，这是比较老套的做法。我认为Two Sigma、文艺复兴和德邵基金这三家公司在主动管理方面走在了整个行业的前沿。它们认为，投资不应该过分依赖个人的判断，而是要关注大数据、新科技在投资方面的作用。

投资其实也是一门科学，这门科学背后需要一套成熟、完整的体系。这套体系应该能够尽可能地将人为因素、外部因素等影响因子包含在内。

其实早在 2017 年，我就看到了这个市场，曾向汪总提议与 Two Sigma 一起合作推动量化投资项目。当时 Two Sigma 在香港的总经理恰巧是我在麦肯锡的老同事，她在我们之间扮演着中间人的角色。因此从 2017 年开始，我就跟他们当时的 CEO 以及创始人一起讨论这个项目的合作问题，但到最后感觉还是没有办法解决所面临的分歧和问题。

当时 Two Sigma 明白，要想打开中国市场，就要找一家本土化的公司进行合作。但他们当时也处于摸索开拓阶段，并不确定应该怎样采取行动，最后也没有达成合作协议。这次长时间的沟通，让我同 Two Sigma 建立了比较密切的联系，互相之间也有了比较深入的了解。

2018 年年中，Two Sigma 试图拓展亚洲市场，原本只在东京与香港各有一个小办事处，但他们希望可以尽快在中国申请到相关牌照，因此十分需要一个有市场敏锐度的人来尽快负责这部分事务，并且新设立了一个亚太区 CEO 的岗位。于是，他们找到了我。

在明白他们的来意之后，我受宠若惊。因为当时 Two Sigma 中的 2 000 多名员工里，就有 1 300 位是工程师，他们都有比较好的数学创新背景。不仅如此，Two Sigma 的两位创始人更是有着非常专业的背景：大卫·西格尔毕业于麻省理工学院，主攻计算机，是位很有名的科学家；约翰·欧文德克曾在斯坦福大学攻读数学专业，还拿过国际数学奥林匹克竞赛的二等奖。

面对有着如此科学背景的团队，我不禁产生疑问：Two Sigma 为什么会选择我呢？法律和金融专业的背景，并不符合他们的常规要求。如果我成了 Two Sigma 的亚太区 CEO，我该如何管理整个团队呢？

但我很快明白了，也能明显感觉到，他们想要的是一个在能力方面与公司团队互补的 CEO。另外，他们认为我在推广新业务、管理新团队方面是有经验的，所以才决定邀请我加入他们。

当然，我也被他们的想法和项目深深吸引住了。在 20 年前大数据还没有普遍流行起来的时候，Two Sigma 就已经开始关注并实施这方面的项目。因此，我对这样的公司充满了好奇。两位专业能力如此突出的创始人一定会有不同寻常的想法，他们没有雇用金融背景的人，而是找有科学技术与数据能力的人建设一家新的资产管理公司。

另外，我加入 Two Sigma 还有一个原因。因为我在诺亚工作了四五年的时间，说实话，我感觉自己并没有学到很多具有前瞻性的东西，我在诺亚的工作都聚焦于执行。回顾我过去的职业之路，可以这样概括：在麦肯锡，我是在不断学习新的东西；在诺亚，我是在不断地将我之前学到的东西执行落地。而在诺亚工作四五年之后，我感觉自己需要一个新的冲击和机遇，让我可以学习新的东西。

在这种情况下，当技术、数据驱动的 Two Sigma 邀请我加盟时，我就再也没有考虑其他岗位了。全球最大的量化对冲基金公司伸出的橄榄枝，我毫不犹豫地接受了。

- 2 -

当然，兴奋归兴奋，对于实际操作层面的问题，我还是希望一开始就能厘清，不想只是因为 Two Sigma 的名气和实力，就糊里糊涂地成为它的一名员工。

我知道，许多跨国公司的亚太区 CEO 是没有实际操作权的，他们只是名义上的 CEO。有鉴于此，我在接受 offer 之前就写了一份备忘录，大概有两页纸的内容。我告诉他们，如果他们想在亚洲取得成功，这个岗位或者整个亚洲的组织架构应该有哪些变化。

我希望在我入职之前，这些改革可以得到保障。不然的话，他们就算很热情地邀请我，我也很难有效地推动接下来的工作。试想，如果什么事情都要纽约总部直接插手管理，我这个亚太区 CEO 就变成了一个虚职，这种管理模式肯定是行不通的，也绝对不符合我对未来的预期。

Two Sigma 的 CEO 看到这两页备忘录后非常惊讶，他对我说："我从来没有遇到过像你这样的人，我给你 offer，你竟然给我一份备忘录，告诉我怎么去运作公司。"

其实，我当时还提了很多相关的要求。

第一，我需要有管理亚洲团队的权力。当时很多大型投行的亚太区 CEO 在做决定时都需要向总部汇报，由总部给出决定性的意见，然后执行总部的决定。因此亚太区 CEO 的权限十分有限。我表示，我并不介意向纽约总部汇报，但我需要有权限来管理亚洲方面的工作，让我可以在团队管理上有自由发挥的空间。

说实话，我在麦肯锡时服务过很多大型跨国机构，这些大型跨国机构失败的部分原因在于，他们不完全相信本地的团队，总部永远是高高在上的最终决策者。

所以我直接说，你们既然想邀请我，就说明你们对亚洲是有期望的，如果你们对亚洲有期望，就要使用这样的架构、这样的执行方法。不然的话，每件事我都要向纽约总部汇报，很多事情就很难执行下去。

作为一家全球性的资产管理公司，Two Sigma 需要在中国建设第二个主场市场，要想实现这一目标，不能随意从美国或者欧洲派人过来指导，一定要从当地找到合适的管理者和团队来推动具体业务。只有把全球化的知识和本土的执行力结合在一起，才能取得成功。

第二，我希望可以直接向创始人汇报。因为亚洲是新开发的市场，在业务决策方面要迅速而有效，所以我需要有可以直接跟创始人沟通的通道。

第三，我要求成立一个亚洲运营委员会，成员为公司的核心高管，包括我在内。该委员会的职责就是确定所有亚洲相关的战略发展方向。因为我们公司体量庞大，原本的核心业务也已经十分成熟，要想开拓一个新的领域，我们就需要快而有效的决策，这个过程不需要太多的声音。

令我没想到的是，他们认为这些要求非常合理，于是很快就给我发了 offer。之后我对公司架构的改革建议也很快落地。从我

2019 年加盟至今，一切工作的具体运作都很顺利。我想，这部分是因为我早先提交的备忘录发挥了作用。

现在回头看，如果我在进入公司后才提出关于架构方面的变革建议，可能很难实现。因为到那时，他们的心态就会转变，他们会觉得你已经是公司的一员了，你要做的就是跟随公司的整体步伐，而不是提出太多建议。

像我这样一开始就把事情说清楚，反而让以后的工作流程更加顺畅，因此我对自己在拿 offer 前后的表现还算满意。如今，我也对自己的工作状态感到满意。

- 3 -

像我前面提到的那样，Two Sigma 内部主要的人员大多是工程师和科学家。这家企业就像一个研究院，主要研究、开发新的东西。它的文化与我之前待过的诺亚、麦肯锡差异很大，主要有以下三点。

第一，它没有明确的上下级概念，决策流程并非自上而下。公司内部遵循的是一个"科学发现"的流程。这个流程需要员工去发现、学习、实验，最终提供一些新的发展方向。而麦肯锡和诺亚在某种程度上都是一种自上而下的决策流程，总裁只需要提出自己的想法与要求，员工负责执行。

第二，Two Sigma 要求所有事情都要通过认真研究，才决定是否可以实施。他们重视思考和前期规划。与此相反，诺亚不用获得完整的信息，只要得到部分反馈，就可以去尝试，这种模式就是通常所说的"行动多于思考"。

有一个元素可以从本质上区分诺亚与 Two Sigma，即目标客户。诺亚的运营模式是 B2C（主要客户是个人客户），如果将大多数精力花在头脑风暴上，而不去立即执行，就会失去市场。Two Sigma 的运营模式是 B2B（主要客户是机构客户），它的背后都是机构客户。这些客户的眼光很长远，所以 Two Sigma 更需要将眼光放长远。在这种情况下，急于执行的运作氛围反而会影响公司对中长期趋势的判断。

这种企业文化上的差异让我更加明白跨国企业是如何成功的。它们坚定遵从自己的信念和想法，在 Two Sigma 这里，就是用科学推动投资。

加入 Two Sigma 后，我的思维模式也随之变化。以往，我们做事不用等太久，而是直接尝试，等待反馈。Two Sigma 告诉我，要先思考清楚整件事情的缘由以及差异性等基本问题，再去执行。也就是说，一个人应该先爬着摸索再走路，在你走路走得很稳后才可以跑起来。

第三，Two Sigma 是以数据驱动投资的。在我们亚洲的体系里面，亚洲代表三大机遇。

第一大机遇是资本市场，其中亚洲市场占公司交易量的重要部分。我拿到这个岗位的 offer 时，其中一件需要我去推动的事情是，除了继续让亚洲变成全球交易的核心外，还要寻找更多关于数据方面的合作机会。

事实上，亚洲数据方面的监管不断演变，在这样一个良好的监管风控体系之下，可以找到更多的数据。全亚洲拥有 5 亿以上用户的公司，中国有 8~10 个。你可以想象这背后所有数据的潜在价值。所以，亚洲可以称得上我们的大数据库。

第二大机遇是，亚洲是重要的人才聚集地。我在 2019 年就跟中国平安合作推动了一个关于人才培训的计划。事实上，Two Sigma 的人才招聘都是从美国的博士项目中引进来的，但是我认为全球最好的人才不仅仅在麻省理工学院、哈佛大学等院校中，中国也有大量的人才。但我们不能只从北京大学、清华大学引进人才，还需要了解中国所有大学的人才情况。因此，我们与中国平安、沃顿商学院一起推动了一个数据科学的项目，以此来引进、培训潜在的人才。

第三大机遇是，在亚洲需要大力挖掘中国和日本这两个市场。二十几年前，当我还在麦肯锡做分析员的时候，我们会说亚洲的一半是日本，另一半是"其他"。但现在发生了巨大的变化：亚洲的一半是中国，另一半是"其他"。所以，如果你想知道亚洲的总量有多大，你只要把中国的体量乘以 2 就知道结果了。

很多海外资产管理公司都对中国市场不够重视。这些资产管理公司不打算建立一个在中国长远发展的团队，而只想尝试一下，试试水。当时与我们相似的公司有五六家，但都是些没有流量、在中国投资较少的公司。

我希望可以打破这种局面，Two Sigma 也十分支持我建设中国团队的努力。我们提议在上海建设一个推动中国市场和产品的团队，这个想法在 Two Sigma 内部经过两三年的讨论、辩论，最终得以拍板定案。

- 4 -

加入 Two Sigma 这样一个由技术和数据驱动的公司，对我来说相当于翻开了人生的崭新一页。

人生就是应该不断打开自己的眼界。我之所以先后挑选两家有着天壤之别的企业工作，就是为了让自己的思维不断拓展。其实，在我对外公布离开诺亚的那一天，有多家公司邀请我加盟。比如，诺亚的竞争对手邀请我去做 CEO，负责他们的财富管理模式改革。还有人承诺给我资本，让我创造一个新的财富管理平台。甚至还有数一数二的全球投行邀请我出任大中华区负责人。

我思来想去，总觉得这些岗位与我在诺亚的工作十分相似，这不就相当于换个平台做同样的事情吗？那我为什么要离开诺亚？我在诺亚的四五年，已经比较懂得了如何执行，现在要做的事就是进入另一个"极端"的公司，去学习完全不一样的新东西。

于是，我果断选择了 Two Sigma，在这个过程中，我也切实感受到自己的思想层次进一步提高了。

尝试做一些自己不擅长的事，走出舒适区，对每个人的成长至关重要，但这并不意味着你随意找一些不懂行的事情去做。这是一个艺术的过程，你需要找到一个可以实现自我价值、不偏离人生大方向但原本不太擅长的事情去做。

例如，Two Sigma 是一家拥有大量科学家的公司，而我是做业务的，看上去我并不擅长经营这家公司，但是正因为我与 Two Sigma 的互补性，我的价值才得以凸显。所以，要懂得在不同的场合找准自己的定位，才能明确自己可以为这个团队做出怎样的贡献。

当然，这一走出舒适区的过程并不盲目，因为我还是围绕着财富、资产管理开展工作，并没有背离之前职业发展的大方向。在走出舒适区的过程中，我也对目标行业有着基本的了解，并非在不同行业之间随意跳来跳去。

其实，从麦肯锡到诺亚，再到 Two Sigma，我的变化是有迹可循的。

在麦肯锡，我牵头推动整个公司在财富、资产管理行业的业务，当时的我是以顾问的身份观察这个市场的；在诺亚，我代表国内企业建设全球化团队，那时的我是以操作者的身份观察这个市场的；进入 Two Sigma，我正在代表全球企业建设国内和亚洲团队，此时我以全球性企业的视角观察这个市场。所以，我工作的核心并没有发生变化，但是看待这个市场的角度发生了翻天覆地的变化。我确实走出了舒适区，但并非乱走一气。

在国内，像我这样从三个完整的维度看待市场的人很少，所以最近许多投行峰会与我探讨的话题早已不是什么量化投资，而是"如何在国内赢得资产管理业务"等具有深度的话题。

当我能从不同的维度看待这个市场时，就能获得整个市场的完整拼图。不仅工作如此，我们在生活中也要有多维度意识，从不同维度搜集信息，还原整件事情的原貌。

为此，我每天要吃两顿早餐，8 点一顿，9 点一顿，为的就是与不同的人吃早餐，从中听取他们对市场的不同看法。你别小看这两顿早餐，整个过程非常有趣，我不仅可以听到人们对这个市场的不同看法，还可以接触到不同类型的人。这也是一种多维度意识。

走出舒适区，从多个维度提高自己的核心能力，也需要有战略判断力。你要将自己的视野拓展至行业未来的两三年，从而决定如何驶向未知水域。比如，我将时间投资到诺亚，是因为看到诺亚在财富管理领域有很多改革。而现在，我发现在过去 10 年里，前十大对冲基金公司中的量化基金公司数量由原来的一两家发展到了六七家，于是我选择把时间投资到 Two Sigma——量化基金公司的代表。

据我判断，选择企业非常重要。很多人会根据公司的品牌选择企业，但其实，我们真正应该关注的是这家企业在整个行业中发展到了哪个阶段，以及你参与的这个节点是否合适。正如大家经常调侃的"站到了风口，猪都能飞起来"，如何找到"正确的风口"，才是最重要的。不然，盲目走出舒适区，只会浪费时间。

选择 Two Sigma，自然是基于我的战略判断，而我也一直试图用自己的战略判断影响公司的发展方向。

尽管亚洲对很多公司来说是一个发展潜力较大的市场，但并不是每家公司都可以分到较大的份额。为了推动亚洲业务，我提出了三个重点计划。

其一，抓住当地的机遇，不能用全球化的方法来推动本地的业务。因此需要建设两个大的市场，即日本与中国。这也是我一开始就要申请私募管理牌照的原因，为的就是找到核心市场并建设本土化的能力。

其二，重视亚洲分部与纽约总部的关系。我花了大量时间与纽约总部沟通，很多时候的确很疯狂，执着于尽快获取纽约总部的信任。所以无论是北京时间晚上 11 点还是凌晨 3 点，我都会随时与他们进行视频通话，及时跟进亚洲的工作进展。我的这种沟通方式，就好像是随意走到对方的办公室聊上一两句，氛围是很轻松的。通过这样高频的交流，我很快建立起与纽约总部的信任关系，也为后来的工作铺平了道路。

其三，深入了解监管的趋势并积极参与知识分享活动。我们曾给上海证券交易所做过培训，也在线上做过分享。在这个过程中，我们不仅是自己在单方面输出，也不断得到各方的反馈。我出任新加坡财富管理委员会的全球顾问，也是一种参与市场的方法。这听起来并不是一个非常细致的战术，例如如何推动一款产品，重点在于从宏观层面看待整个架构。

　　所有这些都是我在走出舒适区后积极逼迫自己学习更多、工作更多的结果。这些事情都符合我的战略思考，符合我的职业发展轨迹和对世界的最新思考，并非盲目切换赛道。只有这样走出舒适区，才能进一步提高自己的价值。

第 14 章

职业生涯中的错误决定

心得总结　　*****　　**创业需要破釜沉舟**：由于拥有沃顿商学院、牛津大学的教育背景，以及律师事务所的工作经历，创业对我来说并非背水一战，我并没有把它当作一个事业，没有孤注一掷。每当我创业遇到困难时，我总会想，没关系，回去当律师也很有前途。所以，一旦我遇到挫折，就会选择放弃。这可不是一个创业者应有的心态。

建立人际关系网络：从全球范围来看，最有用的人际关系网络可能有三种：高盛网络、麦肯锡网络和哈佛大学网络。不夸张地说，这三张人际关系网左右了世界上的许多事情，在这些网络中建立的人脉要比其他场合牢靠得多。这样的人际关系的建立很多时候是出于大家对"出身"的认同。在高盛、麦肯锡和哈佛大学的经历，胜过任何一种名片，构成了强大的背书与认同感。不过，即便没有这些顶级网络，其他组织的人脉也是有价值的，我们需要随时留意巩固人脉，未来必将有所收获。

打好你手中的牌：人生就像纸牌游戏，你无法改变手中的牌，你能做的是想方设法打好手中的牌。牌的好坏只是一个起点，关键在于如何打出手中的牌。所以我常思考，我手中有这么多资源、这么多张牌，我应该怎样打出去，才能实现这副牌的最大价值。

- 1 -

故事讲到这里，差不多也到收尾的时候了。仔细想想，如果只是这样把自己的人生复述一遍，有些读者或许会觉得有趣，但似乎还是少了点什么。

我想，如果希望自己的经历能给年轻人带来某些启示，最好还是能系统性地总结些什么东西出来。因此，我将用一些篇幅探讨两个问题：一是职业生涯中的错误决定，二是职业生涯中的正确决定。

首先，让我谈谈自己职业生涯中的错误决定。

第一个错误决定，就是当年创业时没有坚持下去。

我在 2000 年创办了 IceRed，但仅一年后，我就放弃了它，加入了麦肯锡。IceRed 是中国香港和新加坡当时最受欢迎的第一代社交平台。可惜的是，我的选择过多，断送了自己将这一平台做大的可能性。

由于拥有沃顿商学院、牛津大学的教育背景，以及律师事务所的工作经历，IceRed 对我来说，有时更像是个"玩物"——能做好固然不错，做不好也不会是世界末日。说实话，我并没有把它当作一个事业，没有孤注一掷。

现在想想，所谓光鲜的学历和经历，在当时却成了我创业的包袱。我的内心深处似乎一直有着一种声音：过去的知识储备不用就浪费了。每当我创业遇到困难时，我总会想，没关系，我有这么多投资者，回去当律师也很有前途。所以，一旦我遇到挫折，就会选择放弃。这可不是一个创业者应有的心态。上述这些思维预设和心理暗示，其实一直影响着我的创业决策，使我无法破釜沉舟。

在 IceRed 拥有 50 万活跃用户的时候，我已经十分满足了。但实际上，要想将一个社交平台商业化，还有很长的路要走。因为还有其他似乎更保险的选择，所以我并没有全力以赴，没有穷尽各种手段。最后，我放弃了自己创建的平台，转向了麦肯锡，成为一名白领。

不久之前，我刚刚和阿里巴巴创业基金的主理人共进午餐，他告诉我，他在 20 年前就是 IceRed 的粉丝，那个年代没有人不知道这个社交平台。他的话再次触动了我，如此火爆的平台，就这样被我放弃了，实在可惜！

我的这段遗憾，其实也是人性的缩影。我太太常和我说，儿子在成长过程中因为得到了父母的鼎力支持，在如此优渥的环境中，他们会失去饥饿感，缺乏发现问题并解决问题的动力。有时候，我们给了孩子更好的生活，却也剥夺了他们的战斗力。

所以，如果我现在以一个投资者的身份出现，会尽量避免投资"当年的那个我"。比方说，对于那些抱着"玩玩"心态的"富二代"，我是不会投资的。因为这些人注定失败。当然，也有许多试图摆脱父母阴影的"富二代"十分优秀。虽然超越自己父母的成就十分困难，但是相比那些"躺平"的"富二代"，这些有饥饿感的年轻人显然更值得投资。

- 2 -

我的第二个错误决定，就是太晚离开麦肯锡了。

其实，当 2~3 年的全球合伙人，已经足够让一名麦肯锡的合伙人实现成长了，但我在麦肯锡做了 6 年的合伙人。直到后来，我才意识到，收获与时间并不成正比。

一直以来，麦肯锡都在培养员工的"信仰"。许多顾问年仅 20 多岁，就能在麦肯锡的平台上与许多 CEO 级别的人物进行交流了。

正是在这个过程中，一个个年轻顾问的自信心就这样建立起来了，但过度自信反而导致他们并不了解这个世界实际上发生了什么。

战略咨询的工作并不接地气，一个人有想法并不难，但是真正执行落地非常不容易。因此，许多来自麦肯锡的建议仅仅停留在想法阶段，无法真正解决企业面临的问题。

在这个变动不居的世界中，一个"三年计划"仅占成功因素的 5% 左右，剩下的 95% 左右需要根据市场不断调整。当一个人陷入对某个事物的思考时，就会觉得自己所思考的就是事情的全部。所以，在麦肯锡工作的很多人总认为这 5% 左右就是公司运营的全部了。

很可惜，我太晚才意识到这个问题，因此在麦肯锡待了过长的时间，让自己无法及早开拓新的天地，付出了许多时间成本。

直到我离开麦肯锡时，我都没有意识到这个问题，当时最重要的原因还是公司定位的变化。在我刚刚进入麦肯锡时，这是一家服务全球各行业龙头企业的机构，我们有机会帮助许多 CEO 推动改革。但经过多年的发展，麦肯锡的组织结构日益庞大，合伙人争相拓展自己的业务版图，龙头企业也不再是唯一的服务对象。此时，我感觉自己将近一半以上的时间都在做销售工作，不断寻找新的客户，寻找新的收入来源。这种工作状态让我很不舒服，因为我的销售对象是无形的。整个过程就是将一个 PPT 以一两百万美元的价格卖出去的过程。我再也无法学习到什么实在的东西，成长的脚步开始慢了下来。

幸好，因为感觉自己学不到新东西，我选择了离开。尽管当时并没有意识到麦肯锡的局限性（真的被这家伟大的企业洗脑了），但我至少还是对工作势头的停滞做出了反应，没有浪费更多时间。

当然，我也很感谢诺亚，如果不是它的招手，我可能还会耽搁一些时间。

- 3 -

我的第三个错误决定，就是忽视了麦肯锡的人际关系建设。

在麦肯锡这样的公司，不夸张地说，真的是卧虎藏龙，优秀的人实在太多了。可惜的是，我没能真正全面利用这些资源，未能建立起足够强大的人际关系网络。麦肯锡的人脉，我是有的，但回顾起来，当时确实没有好好重视。

不知道大家还记不记得，我之前提到过，麦肯锡在考察一位合伙人工作合格与否时，其中一条评判标准是合伙人所发邮件范围的广度，这背后其实是对合伙人人脉的考察。比如，有些合伙人只跟香港等大中华地区有联系，有些人合伙人却与全球各地都有邮件往来。我本身算是一个比较内向的人，所以当时的想法是，作为一位合伙人，只要管理、处理好我负责的项目就好。在同一个办公室工作的同事仅仅被我当成工作中的伙伴，并没有过多的深交。

麦肯锡每年都会举行很多全球性的活动，但我当时觉得，这些活动需要飞来飞去，看起来很麻烦，所以就懒得参加。事实上，在麦肯锡的很多全球培训活动中，在我的印象中我只参加过4~5次。当时的我觉得参加这种活动无非就是学习、上课，非常麻烦，倒不如留在亚洲，继续做我的项目和工作。但我后来才意识到，自己的思维太狭隘了，这种场合其实可以让我跟另一个地区的合伙人有交流的机会，同时建立自己的人际关系网络。

其实，除了自身的能力，一个人在麦肯锡的声誉也会影响之后的人际关系网络。别人在帮我之前，也许会去询问麦肯锡的其他同事，听听他们对我的看法，从而了解我到底是一个什么样的人，值不值得帮助。幸运的是，我在麦肯锡的声誉很好，所以我是具备发展人脉的基础的，但我没有深入发展这种关系。尽管那时我在大中华地区的人脉网络还算不错，但在全球的人脉网络还是不够强大。

虽然现在的我已经拥有全球范围内的人脉，但这种人脉不像在麦肯锡一起打拼出来的"兄弟情"，似乎总有点缺憾。比如，在我离开麦肯锡之后，某些人觉得我有利用价值，他就会关注、帮助我，我们之间多了一层利益关系。而许多大中华地区的朋友和同事都是我在麦肯锡的战友，我们一起打拼过，有一种永远的兄弟情义，超越了单纯的利益关系。

离开麦肯锡后，我慢慢意识到了人脉的价值，后来也很认真地去发展、处理身边的人际关系网络，也有意识地去建设自己在全球的关系网络。但由于没有好好利用麦肯锡的平台，使我的人脉网络无法发展到极致，总是差点意思。

就像国内清华大学、北京大学的超强人脉网络那样，从全球范围来看，最有用的人际关系网络可能有三种：高盛网络、麦肯锡网络和哈佛大学网络。不夸张地说，这三张人际关系网左右了世界上的许多事情，在这些网络中建立的人脉要比其他场合牢靠得多。

曾经有一份英国报纸提出过一个概念——"麦肯锡黑手党"，（麦肯锡的人才管控了英国乃至全球重要企业的岗位），即"你是我的人，我一定会帮你"。一个从麦肯锡走出来的人，只要向我表明他的"出身"，我就会对他有一种自然而然的信任感，会想方设法帮助他。这种情况同样适用于高盛和哈佛大学。

这样的人际关系的建立很多时候是出于大家对"出身"的认同。在高盛、麦肯锡和哈佛大学的经历，胜过任何一种名片，构成了强大的背书与认同感。

事实上，麦肯锡就像经济界的黄埔军校一样，培养出了一大批实力超群的 CEO，比如现在摩根士丹利的 CEO、花旗银行的CEO、谷歌的 CEO、中国平安的 CEO、腾讯的总裁。

而高盛更像是美国政府的人才来源地。很多高盛的 CEO 后来成为美国财政部的重要官员。他们自身形成的人脉网会深入社会的不同领域和层面，对圈子内自己人的发展有着深远的影响。这种无形的财富恰恰是我们在工作中应该格外关注的。

我当时完全忽略了这一点，这是对自己麦肯锡履历的一大浪费。

- 4 -

我的第四个错误决定，就是对香港的忽视。

我 13 岁便离开中国香港去了加拿大，之后的学业都是在美国和英国完成的，毕业之后又去了麦肯锡工作。所以我的大部分时间都在飞来飞去。作为一名中国香港人，有很长一段时间，我都没有认真了解香港的实际情况，对于香港很多层面的问题都比较陌生。

作为麦肯锡的合伙人管理亚洲地区事务时，对于香港这个城市，我也没有给予足够的关注。而且很多时候，我只关注工作层面的交流，忽视了更深层次的沟通和往来。因此，我在香港的人脉比较差。

但不可否认，香港是一个重要的国际化城市，我需要懂得它内部的运行规则和特点，才能真正成为一个香港本地人，更重要的是，这样才能为香港这座城市和香港人做一些力所能及的事情。

我现在做的一个项目——Project Melo，其实就是在弥补我之前的"过错"。我开始参与推动有关大学生的项目，这个项目由香港地区的十几位 CEO 共同参与推动，旨在为香港未来的发展培养人才。

通过这个项目，我不仅建立起自己在香港的 CEO 网络，而且让自己更加了解香港这座城市的游戏规则：谁有影响力？谁可以影响政策的制定？这些是我在香港工作那么久都没有了解到的东西。

　　一个人看问题的层次会影响个人的视野。麦肯锡的项目对我来说只是工作，我并没有深入思考我在哪里可以发挥影响力，更别提思考如何为这个社会做些什么了。那个时候的我还比较肤浅，现在回头看，感觉自己浪费了十几年的光阴。

　　当然，这种肤浅与当时的个人视野、体悟有关，同时也受到其他因素的影响。假设我在自己 30 岁的时候想要推动 Project Melo，不会有那么多 CEO 来支持和帮助我们，这是客观现实。

　　但创新思维始终是最重要的。有了想法，尽量去尝试，你一定会得到反馈。在反馈的基础上，可以继续完善自己的计划和想法。最可怕和最可悲的，是一个人连想法都没有。

　　可能有人觉得我一直在强调影响力这一点，但我觉得我在意的不是所谓的权力，而是如何利用手中的资源改变世界。人生就像纸牌游戏，你无法改变手中的牌，你能做的是想方设法打好手中的牌。牌的好坏只是一个起点，关键在于如何打出手中的牌。所以我常思考，我手中有这么多资源、这么多张牌，我应该怎样打出去，才能实现这副牌的最大价值。这才是人生最大的意义。

　　所以，在我有了足够的资源后，我一定想做点什么，而我的家乡香港就是我最希望打好手中这副牌的地方。当年出于种种原因，我犯了忽视香港的错误，如今正在努力弥补这个错误。

第 15 章

职业生涯中的正确决定

心得总结　　*　　**押注正确的人**：人生有时就像一场赌博，我有幸押对了人，因此有了相对顺遂的职业生涯。找到"对"的贵人，其实是一门艺术。这绝不是简单地找能力强或职位高的人，而是找到一种双向关系——你"投注"他，他也愿意"给"你。

把握大趋势：看准发展大势并押注，在我看米极其重要。纵观我的整个职业生涯，我似乎一直在尝试把握行业的发展趋势。有句话叫"站到了风口，猪都能飞起来"，但关键是要找到合适的风口，之后才能事半功倍。

不断走出舒适区：我的每一个选择都是在尝试不同的东西，尽量走出自己的舒适区。在我看来,人们一定要尝试一些自己并不擅长的东西。如果我们去做一些自己不太擅长的事情,我们肯定能不断学到新的东西,而非故步自封。

让别人看到你的"可利用价值":在个人职业生涯中,我还发展了很多不同类型的人脉,这些都是我在这二十几年中不断去"播种"的结果。如今职场人士所理解的"建设人脉"似乎很简单,就是多交朋友,但事实并非如此。事实上,你一定要不断锻炼自己,让其他人看到与你保持关系的必要性,说简单点,就是让他们看到你的"可利用价值",比如你对于事情的看法、你处理事情的能力等。

- 1 -

前面谈到了个人职业生涯中的错误决定。当然,我能走到现在,肯定也做出了不少正确的决定。现在,我就来谈谈个人职业生涯中的正确决定。

第一个正确决定,就是我"投"对了人。人生有时就像一场赌博,我有幸押对了宝,因此有了相对顺遂的职业生涯。

找到"对"的贵人,其实是一门艺术。这绝不是简单地找能力强或职位高的人,而是找到一种双向关系——你"投注"他,他也愿意"给"你。

在 20 多年的职业生涯中，我一共遇到过 4 位贵人。

第一位贵人，就是我之前多次提到的那位麦肯锡的法国合伙人。他破格给予了我第七次面试机会，使我踏上了麦肯锡的顾问之路。在我最初做顾问时，他也是第一个愿意让我参与项目的合伙人。甚至在我晋升合伙人的道路上，他几乎协调了全球的合伙人资源来帮助我。

当然，这些都是工作上的帮助。这位法国合伙人对我最大的帮助，是他对我的认可。在麦肯锡工作，每个员工都必须在某个领域获得认可，方能走得更远。这位法国合伙人对我的认可，不仅为我做了背书，让我在整个金融群体中受到肯定，而且对我形成了莫大的激励，帮助我自信地从事顾问工作。

而我之所以"投注"这位法国合伙人，是因为他身上的一些特质。

首先，他十分有原则。若在一个议题上与他人意见不统一，他会实话实说，并投入辩论，而非碍于情面随意认同他人的说法。

其次，他非常无私。尽管他并不是所有合伙人中最资深、最有影响力的，但他绝对是最愿意花时间与精力来培养我的合伙人。他无私地给予了我许多帮助，并不要求特别的回报，我们之间更像是师徒关系。

从他的身上，我了解到，当你寻找导师的时候，对方的能力与行业支撑度或许不是最重要的，更重要的是，你们双方的理念与价值观一致，以及他愿意往这段关系中投放精力。

我的第二位贵人是汪静波。在 2012 年初识汪静波时，我就注意到她的与众不同。她时常有一种特别的使命感，或许也是身为基督徒的原因，她对金钱、身家、个人荣誉感并没有那么看重。相反，她十分关注整个行业的发展，具有全局视野。跟她相处的过程中，我也时常会把自己代入她的角度去看问题，因此收获颇多。

我们这种关系基于一致的价值观。事实上，我每次与顾客进行交谈时，总是抱着一种利他心态。汪静波能感受到，作为顾问的我，并非在向她销售产品或项目，而是从她的角度去看事情。在整个沟通的过程中，我有时讲着讲着，感觉自己就成了诺亚的一分子。就这样，我与汪静波之间建立了相互信任的关系。很快，2014 年汪静波就邀请我担任诺亚的集团总裁。

现在回想起来，人与人之间会产生各种化学反应，很多时候需要基于理念的一致，如同我与那位法国合伙人的关系一样。汪静波当时并非金融行业的顶尖人物，诺亚也只是规模不大的第三方机构，但我当时单纯地想要找个我相信且认可的人，并全身心投入这段关系。后来的回报显然超越了我的期待，这段职业生涯决定了我整个人生的发展轨迹。

我的第三位贵人，就是前面提到过的张子欣。张子欣毕业于剑桥大学，曾为麦肯锡全球合伙人，主要为亚洲各国金融机构提供咨询服务。2000 年加入中国平安，历任董事长高级顾问、首席信息执行官、副总经理和首席财务官，2003 年起任总经理至 2010 年，也是马明哲后中国平安的第一任总经理。

张子欣离开麦肯锡后进入中国平安，从电商部门的 CEO 到整个集团的首席财务官，最终晋升为集团总经理。我在麦肯锡时与他接触不多，虽然我在中国平安的项目中与他有过交集，但当时我只是个初级分析师的角色，双方并没有发展更深的关系。

我跟他的第一次重要接触是我在决定是否离开麦肯锡时，当时我在纠结是否加入诺亚，想向他寻求建议。于是我直接给张子欣发电子邮件说：你是我们麦肯锡合伙人里最有运营经验且最受尊重的人，能不能邀请你共进午餐？我想听听你对于诺亚以及我个人职业规划的看法。没想到，他十分爽快地答应了。

还记得，整个午餐过程中，他都在和我讨论诺亚。他提醒我要考虑清楚，他觉得第三方财富管理公司由于缺少足够的牌照，发展空间似乎不大。

我十分感谢他愿意和我说真话，并给了我很多坦率的建议，让我思考并找到对的答案。相对于法国合伙人在我职业生涯起步阶段的帮衬，以及汪静波给了我做集团总裁的机会，张子欣给予我的是一种无形的帮助——看事情的角度。一方是中国平安的总经理，另一方是麦肯锡的顾问，双方并没有因身份差异而沟通不畅，他谦虚的态度和有效的沟通方式让我印象深刻。

值得一提的是，张子欣在业内是出了名的高要求。每个服务他的麦肯锡顾问压力都很大，因为但凡有工作不到位的地方，都可能会挨骂。我当时也很怕，但我告诉自己，只要有所收获，就算被骂也无所谓。没想到，我们那次的午餐会沟通得异常顺畅，而那顿午餐也发展出一段有益的关系。

　　我"投资"的第四个人，则是麦肯锡的前任全球总裁。他现在是外交官，曾就读于不列颠哥伦比亚大学和牛津大学。除了担任过麦肯锡的合伙人及全球总裁，他还当过加拿大财政部长经济顾问。2004—2009 年，他曾在上海工作、居住，还曾获得地方政府表彰。

　　这位加拿大人与他人不同，他并不关注麦肯锡的员工是否进入大企业工作，他只关心你是否在做有趣的事。他还非常关注社会公共事务，并会为政府提出经济发展建议。他注意到我进入诺亚后在香港的公共事务领域有所建树，于是邀请我加入他所在的亚洲商业领袖咨询委员会。在这个委员会中，我了解到亚洲与西方国家之间的沟通情况，以及双方是如何考虑事情的进展的。除此之外，他还邀请我加入加拿大滑铁卢大学校长咨询委员会，我也有幸参与了该校的发展规划。

　　总而言之，建立这种较深的双边关系有两个原则。首先，要改变自己的思维方式，不要总是想从对方身上索取利益，而要时刻秉持利他心态。其实，对方能感受到你的态度，如果你太功利，往往适得其反。所以，当你开始思考"这个人能给我什么好处"时，你已经开始错了。其次，双方的价值观需要一致，否则当你无法认同对方的行为时，你也做不到上述第一点。试想，谁愿意帮助一个不认同自己的人呢？

- 2 -

我在职业生涯中的第二个正确决定，就是把握住了大趋势。

看准发展大势并押注，在我看来极其重要。纵观我的整个职业生涯，我似乎一直在尝试把握行业的发展趋势。

当年我觉得麦肯锡对于大企业的发展、行业趋势比较有影响力，而我恰好能够利用这个平台，以高端顾问的身份参与企业的发展过程。这是一个非常难得的学习商业能力的契机，也是我把握的第一个大趋势。

我把握的第二个大趋势，就是中国和华人的财富、资产管理行业大发展。大概从 2007 年开始，我在麦肯锡就专注于这个领域，同时也推动发展了很多新东西，包括香港的私人财富管理协会。我也促成了麦肯锡在亚洲财富、资产管理领域的投入。

我之所以做这些事情，都是因为我看到了大趋势——亚洲的财富、资产管理行业正在崛起。如果我的判断正确且我抓住了这个发展趋势，由麦肯锡牵头促进亚洲财富、资产管理的发展，其背后必然存在着多个行业成长的红利和收获。

除了押注高端咨询行业，还要关注不同的行业，将资金和精力投放到一个又一个具体的高潜力行业中。

我把握的第三个大趋势，就是华人财富规模的井喷。就我当时的观察而言，中国的有关市场远超中国的离岸市场。我常说，整个中国的资本有百分之八九十都是在岸的，剩余的百分之一二十才是离岸资本。所以，如果你真的想要赢得中国市场，就要找一个在岸市场的高成长企业，当时的诺亚就具有这种特征。

说实话，你要我加入并推动像贝莱德、黑石这样的华尔街巨头的业务，我觉得难度不是最大。但如果要我探索中国这么大的市场，同时挖掘其潜在价值，我觉得还是很有挑战的。因此，我也必须找到一个能够抓住这种机会的企业，以此作为我的投注。这也是当初我选择加入诺亚的原因之一。

我把握的第四个大趋势，就是 Two Sigma，以及今天的年轻人。当今世界，我觉得有一种趋势性的力量，即人工智能。它已经发展成熟，甚至可以颠覆人类社会的许多行业。

所以，在资产管理这个行业，最有实力的机构肯定是在科技和数据方面最领先的，Two Sigma 在我眼里就是这样的企业。早在 20 年前，他们就已经提出"投资不应该过于情绪化"，而是要靠科技和数据驱动投资。

其实，很多对冲基金公司都有一个共同的投资观，即由一个首席投资官基于他所收集到的信息来判断买进与否。但我认为，未来的趋势是，投资应该依靠大量的数据信息，在数据的基础上做出判断。因为人本身是有局限性的，所以需要基于数据形成一种更加理性的投资方案。我在 Two Sigma 看到了这种大数据的应用和创新，所以我决定将自己的精力投放于此。

如果说当今的 Two Sigma 代表投资的未来，那么当今的年轻人就代表未来的一切。但年轻人往往意识不到这一点，甚至出于许多原因选择"躺平"。

以我所在的香港为例。我觉得香港现在的很多问题在很大程度上是因为"香港年轻人的未来"与"香港的未来"二者之间出现了断裂。香港的年轻人感到绝望，无法享受香港的发展成果，或者觉得自己普通话不好，抓不住内地的发展机遇。

所以我觉得，现在重要的是找到合适的方法，建立跟年青一代的沟通平台，与其建立信任感。这一迫在眉睫的问题值得政府和企业思考并做出改变。其实，不只在香港，全球各地或多或少都存在年轻人与主流社会脱节的问题。如何更好地与年轻人沟通，是我们这一代人无法回避的问题。

对我来说，如果不照顾好年轻人，就等于放弃未来。作为一个非常看重把握趋势的人，这是我无法容忍的。

总而言之，要想把握好未来，既要投资到合适的人身上，也要投资到正确的发展趋势之中。有句话叫"站到了风口，猪都能飞起来"，但关键是要找到合适的风口，之后才能事半功倍。

当然，大的风口并不一定是合适、正确的风口。虽说风口能让猪飞起来，但我们也肯定不想当猪啊。所以我觉得，在找对风口的同时也要了解自己的能力。比如在麦肯锡的时候，我之所以选择财富和资产管理领域，是因为我觉得自己能很快掌握金融业的运行规则。所以风口的选择，也跟个人的能力结构有关。

回顾我的职业生涯，无论是把握住几大趋势，还是押注了正确的人（乃至如今开始押注年轻人），我认为它们都是一些成功的因素。这些押注是我个人比较满意的选择，也是我最愿意分享给读者的经验。

- 3 -

我在职业生涯中的第三个正确决定，就是不断尝试走出舒适区。

之前在沃顿商学院读书的时候，人们觉得毕业生应该去投行工作。事实上，我的很多同学都在华尔街取得了成就，华尔街就是沃顿商学院毕业生的舒适区。

但我当时觉得，一离开沃顿商学院就去华尔街，这样的人生似乎太单调了。我想尝试更多不同的东西，想去理解金融以外的世界。因此，我选择去牛津大学读法律。

牛津大学法学院出来的学生，照理应该去做律师吧？对他们来说，法律界就是他们的舒适区。尽管我曾一度入职律师事务所，但很快就离开了。

所以我的轨迹是，从沃顿商学院毕业后没去投行去了牛津大学，从牛津大学毕业后没做多久律师就去创业，后来去麦肯锡当了顾问，然后去了中国本土企业诺亚，现在则来到了美国公司 Two Sigma。

我的每一步选择都是在尝试不同的东西，尽量走出自己的舒适区。在我看来，人们一定要尝试一些自己并不擅长的东西。如果我们去做一些自己不太擅长的事情，我们肯定能不断学到新的东西，而非故步自封。

在麦肯锡，公司文化也鼓励人们走出舒适区，公司的领导型岗位更加中意这样一种人——他们或许感觉"自己还没准备好"，但是他们的能力很强，足以应对各种不同的挑战。在麦肯锡看来，这样的人愿意去尝试，不断挑战自己，走出舒适区。具有这种性格的人，更加适合成为领袖。毕竟，所谓"自己还没准备好"的说法，其实意义不大，因为在这个变动不居的世界，你永远不可能真正准备好。

如今加盟 Two Sigma，对我来说也是一种走出舒适区的表现。其实，在很多地方我根本不知道怎么做，我也不是科学家，不懂最核心的技术，但既然他们给了我这个机会，我就敢于尝试。所以在 Two Sigma 的这几年，我学到了很多东西，虽然我不是研究型人才，但我也能找到合适的空间发挥自己的价值。

这种不断尝试走出舒适区的人生态度，让我的整个职业生涯变得更加丰富多彩，我的人脉也因此更加广泛。之前接触的主要是顾问群体，之后认识的是一些 CEO，现在我又认识了一群超级厉害的科学家。正是由于我不断走出舒适区，所以能够大大拓宽自己的人脉，认识许多不同领域的优秀人物。

当然，主动走出舒适区，并不是要大家两三年就跳槽，而是要找到对的方法，每走一步都有内在逻辑。比如我一共在麦肯锡待了十几年，这十几年的时间里，我在不停寻找一些新的东西。即便在同一个岗位上，如果你善于发现新的东西，保持明亮而开放的心态，依旧可以走出舒适区，创造新的价值。

- 4 -

　　我在职业生涯中的第四个正确决定，就是建立了还算不错的人脉。尽管前面提到过，我并没有充分利用好麦肯锡的全球人才网络，但从总体来看，我还算拥有不错的人脉。这与我不断提高个人价值的努力密不可分。

　　在个人职业生涯中，除了前面提到的 4 位贵人，我还发展了很多不同类型的人脉，这些都是我在这二十几年中不断去"播种"的结果。

　　20 年前在麦肯锡和我一起做分析员的那些同事，以及通过项目合作认识的客户，依旧和我保持着往来。到今天为止，这种人脉帮了我很多忙。但这种人脉并不是简单的兄弟、朋友关系，就像我太太常说的那样，我的人脉很广，但这基于我能够为这些人带来一定的价值。换句话说，这种关系是互惠的。

　　所以我觉得，建立人脉的过程与个人的能力发展是相互关联的。我太太有时候会说，Kenny，你在香港的人缘真是超级好的，但你知道为什么吗？因为你自己也在不断锻炼自己，他们感觉每一次跟你交谈都会有一些不同的收获，所以他们更加愿意跟你交朋友。

　　我太太的观点反映出这些人脉的本质——这些人脉并不是酒肉朋友的关系，而是通过提升自己的能力，相互之间碰撞出火花，慢慢建立起来的。

　　如今职场人士所理解的"建设人脉"似乎很简单，就是多交朋友，但事实并非如此。事实上，你一定要不断锻炼自己，让其他人看到与你保持关系的必要性，说简单点，就是让他们看到你的"可利用价值"，比如金钱、你对于事情的看法、你处理事情的能力等。

　　我现在是沃顿商学院亚洲董事会的副主席。为什么他们会选我当副主席呢？要知道，获得亚洲董事会的这个职位是需要捐很多钱的，但我其实并没有捐什么钱。真正的原因在于，沃顿商学院董事会认为，我能为沃顿商学院提供很多帮助和机会。

　　我在诺亚工作的时候，曾把沃顿商学院介绍给诺亚的客户；我在香港的时候，还曾引进过不同的行业大咖，让他们成为沃顿商学院活动的发言人，也让沃顿商学院和这些行业顶尖人物之间建立了不错的关系；我还把香港的一些资源和沃顿商学院进行了对接，促进了双方的交流。

　　沃顿商学院看到了我身上他们需要的那种能力，所以让我当了其亚洲董事会的副主席。他们需要我这个副主席，是因为我能为他们带来他们想要的东西。这个例子很好地说明了，所谓人脉，不是简单的你来我往，而是相互之间能够提供价值。英文有句话叫"what do you bring to the table"（你带来了什么），我们也应该时常问问自己：我能够带来什么？

第 16 章

公共生活

心得总结   *

让年轻人看到希望：面对社会阶层固化、上升渠道狭窄、房价居高不下等问题，一些香港年轻人在经济层面颇为困窘，不少人认为自己找不到出路。可以这么说，尽管这些年发生的社会事件有许多复杂的成因，但香港年轻人对于经济前景的失望一定是其中重要的一环。因此，帮助这些年轻人重拾自信、找到未来的发展方向，是香港各界有识之士的当务之急。

不要小看年轻人：通过代际的项目合作，我们发现新一代的年轻人十分有潜力。一些社会媒体会突出曝光某些年轻人，导致大家容易以偏概全，误会这代年轻人没有希望，甚至会随时放弃自己，但事实并非如此。

社会需要帮助年轻人激发潜能，也让公众看到这代年轻人并不是"垮掉的一代"。他们有自己的想法，有梦想，也有行动力，他们需要的是机会。

授人以鱼，不如授人以渔：对社会的贡献，一定不能流于形式。有思考性的行动，远远比你直接给别人钱重要。事实上，Project Melo 第一年大概只花了 40 万元，如果我们把这 40 万元直接捐给慈善机构，可能不会激起多大的水花，但是通过我们这个项目，这 40 万元发挥出了远超它本身的价值。

基于身份认同的奋斗目标：我的身份认同是，我是中国人，是香港人。作为一个人，最重要的是知道自己从何而来。一个人的影响力在哪里可以最大限度地得到发挥？应该是从小长大的地方。而人也需要一种归属感，只有这样，才知道自己应该为了什么而奋斗。

- 1 -

有了一定的事业基础后，每个人都会追求更高层次的自我实现，希望能对这个社会发挥更大的影响力。这是人类的天性使然，我当然也不会例外。

在我的家乡香港，近年来出现了不少社会事件，动荡局势时有发生，各界有识之士对此颇为揪心。大家希望能够帮助这个城市稳定下来、继续繁荣，也希望让市民安居乐业，年轻人有更好的出路。

这些年来，我一直在思考如何帮助香港年轻人的问题。面对社会阶层固化、上升渠道狭窄、房价居高不下等问题，他们在经济层面颇为困窘，不少人认为自己找不到出路。

如今看到内地发展欣欣向荣，一些人出于普通话不好、对内地不够了解、不敢走出舒适区等原因，又会感到自己无法搭上中国经济发展的高速列车，也无法很好地融入大湾区的宏伟蓝图，沮丧之情与日俱增。

可以这么说，尽管这些年发生的社会事件有许多复杂的成因，但香港年轻人对于经济前景的失望一定是其中重要的一环。因此，帮助这些年轻人重拾自信、找到未来的发展方向，是香港各界有识之士的当务之急。

某次与香港惠理基金公司的创始人谢清海共进午餐时，他建议我为香港做些事情。其实我也早已意识到，当代香港人普遍面临的困境，是他们看不到自己的未来。所以，我要帮助他们把握未来，特别是要帮助年轻人打开视野。

其实，我与香港年轻人早有互动，并非完全不了解他们的想法和处境。2002 年，我开始帮助麦肯锡在香港中文大学聘请分析员，一开始主要招收的是香港本地的学生，但在 2014 年我离开麦肯锡时，我发现分析员主要是来自内地的学生。

当然，这非常容易理解，毕竟这些来自内地的学生普通话标准，对中国的情况更为了解，因此可以更好地领导大中华区的项目。反观香港的年轻人，他们在麦肯锡逐渐被边缘化，在其他许多行业也是如此。

在我刚就业时，香港仍处于经济起飞阶段，机遇很多。只要你肯踏实读书，拿到一个好大学的学位，就业前景基本都是光明的。但随着国内外形势的变化，香港的发展速度也在减缓，就业机会相对减少。与此形成鲜明对比的是香港居高不下的房价，以及"一成不变"的工资水平。

在这种情况下，香港的年轻人与上一代人以及政府之间的互信关系开始破裂。要想理解香港这些年发生的事情，通过这种对于经济形势的分析，会是一个很好的切入口。

和谢清海共进午餐时，我对于内地与香港的此消彼长颇有体会。谢清海也说，从香港最近的情况来看，感觉什么都很差，很多年轻人感觉没有希望。他提醒我，作为一个香港人，如今不用过多出差，会在香港常住，应该为香港做点什么，尤其是我能想点什么主意，帮助香港的年轻人，让他们不要感到绝望。

我们对香港年轻人的基本共识是：首先，香港年轻人有顾虑，担心自己的竞争力无法跟内地的年轻人相比，普通话又说不好，似乎无法搭上内地发展的快车，只能局限在香港"内卷"；其次，香港主流社会似乎也没充分倾听新一代的声音，许多年轻人感到迷茫，也缺乏表达诉求的渠道。

从这样的共识出发，我想到的一个主意是，利用我在香港的一些 CEO 的朋友和人脉，做一个试点，把可能是香港最有名的 10

位 CEO 跟 20 位大学生一起"配对",一起做项目,在这个过程中相互学习。我希望这个项目对社会有所帮助,能让大家联合起来创造香港的未来。

对我来说,我发自内心地想要为这代香港年轻人做些实事,于是我也向香港东亚银行主席李国宝寻求改善香港现状的建议。他告诉我:"你加入一个慈善机构做董事是很容易的,但这很容易流于形式,实际落地并有影响力的事情很少。"于是,多番考虑之下,我打算自己领导这个设想中的项目,试图实打实地帮助这代香港年轻人。

- 2 -

本着切实帮助香港年轻人而非流于形式的想法,我与三个好朋友共同打造了一个名为 Project Melo 的项目。Melo 指的是一种最珍贵的珍珠——美乐珠(Melo Pearl)。

珍珠有天然珍珠和人工养殖珍珠两大类。根据养殖环境的不同,人工养殖珍珠又可以分为淡水珍珠和海水珍珠。一般优质的天然珍珠价值高于人工养殖珍珠,海水珍珠往往优于淡水珍珠。世界上有一种珍珠,至今仍无法通过人工养殖来培育,只出产自一种特殊的海螺,并且成珠概率极低。这就是被人们誉为"龙珠"

的美乐珠。

年轻人，就是这样一种极为珍贵的珍珠。这个项目叫作 Project Melo，也是把当代年轻人比作未经打磨的珍珠，意味着这代年轻人有较大的发展潜力。同时，香港有"东方之珠"的称号，把与香港年轻人有关的项目叫作 Project Melo，也有着相互呼应的关系。

我将目光聚焦于 18~22 岁的本科生，这个年龄段的年轻人是最迷茫的。在项目真正开始之前，我们针对这个年龄段的学生进行了访谈。我们发现，许多年轻人去实习，只不过是在大机构中充当一颗螺丝钉，实际上学不到什么真本领。有时候，还有许多业内"大牛"为学生分享成功经验，但事实上，这些"大牛"的经验未必适用于普通的年轻人。

针对学生面临的这些困境，我们策划了一个可以真正让学生参与并学习的项目。我们在香港科技大学做试点，通过搭建中间平台，让大型公司的 CEO 与学生直接沟通，共同策划项目，做出对社会真正有影响力的事情。

我们在香港科技大学筛选了第一批大学生。在校长与各科教师的帮助下，我们收到了大约 140 份简历。绩点高的学生并非我们所需，与我们拥有相同价值观的人，即那些对于参与香港公共事务充满热情的学生，才是我们需要的。

有了参与的学生，当然也需要与他们"配对"的商界领袖。我动员了过去职业生涯中的人脉，邀请到了东亚银行、麦当劳、微众银行、麦肯锡等各类型企业和机构的 CEO。我们筛选出 15 名具备开放心态、价值观一致且愿意积极帮助香港青年学生的 CEO，这些来自不同领域的领军人物与学生们一起创造出了许多有意义的小项目。

参与这个项目的各领域领军人物，包括麦当劳香港董事总经理、瑞安集团董事长女儿、微众银行董事长等背景各异的优秀人物。在一位 CEO "配对"少数几位学生的安排下，学生能最大限度地与 CEO 互动，并从中获得自己的灵感。

说实话，双方一开始合作时，还是有所疏离的。年轻人总会抱着一种"旁观""试着看看"的心态参与项目。真正打破这个界限的，是我们组织的线下交流活动。

我邀请了一些创业者同年轻人做创业分享。还记得在这个过程中，一名负责人曾对我说，Kenny，这次你千万不要在演讲过程中过多发言，也不要过于插手活动的安排，否则你会让学生有种听讲座的感觉，他们反而不会珍惜这次机会。

听取了这名负责人的建议后，我决定让学生与创业者直接交流，自己不做"电灯泡"，果然取得了意想不到的效果。学生们的反馈非常正面。

在这个过程中，我总结出了一些心得。首先，年轻人比较看重自己是否得到重视，他们需要感觉到老一辈的 CEO 其实是很愿意倾听他们的，只有这样，他们才会信任这些所谓的社会精英。其次，年轻人不喜欢等级森严，CEO 与年轻人沟通时千万不要分等级，不要弄成对下属说教似的，不然年轻人可不买账。

此外，我也发现年轻人真的有很多新的想法。比如，他们可不喜欢"硬营销"，企业在进行营销活动时，需要流露出真情实感，以及公司的真实想法，只有这样，年轻人才会关心你到底想说什么。

年轻人在意的是，企业（以及政府和其他组织）在沟通时做到透明、开放、真诚，不要给人那种居高临下或者讳莫如深的感觉，他们才会更相信你，更愿意追随你，他们不喜欢被营销。

打个比方，我们开例会时，有人会说要不就拍几张照片，然后让年轻人拿着照片在社交媒体上分享。年轻人就很不喜欢这种做法，他们可能觉得你是在逼着他们宣传，他们喜欢的是水到渠成的分享，那种自然而然的感觉——一切都是顺其自然的。他们希望受到自然的引导，然后他们也会自然地分享，这样一来，大家就能自然地宣传这个项目。总而言之，这种自然而然的感觉，才是年轻人要的。

我们要记住，在沟通时，我们不是唯一的主角。只有理解了年轻人对于"硬营销"的反感，未来的企业才能真正做好宣传工作。这是 CEO 们从年轻人身上学到的一课。

此后，我又发现学生更重视在项目结束后的提问与交流环节，这个环节反而用了更长的时间。我也因此调整了分享会的时间比例，减少分享的时间，增加沟通的时间。

这个沟通很有效，不少学生感到，我们这个项目是真诚的，因此他们敞开了心扉。在此后的日子里，他们与 CEO 们积极"配对"，打造出不少别具匠心又意义非凡的小项目，对社会起到了积极的作用。

- 3 -

下面我打算分享一些积极的小项目。

比如，麦当劳香港董事总经理黎韦诗与"配对"学生共同制作了一本书，分发给所有购买开心乐园餐的顾客。他们向顾客普及环保知识——如何通过改变一个行为，在 21 天后对气候产生影响。我万万没有想到的是，年轻人在这个项目中收获最多的东西，并非这本书的制作过程，而是在项目过程中与 CEO 们的沟通过程。

在我看来，我们只是在一段下午茶的时光中随便闲谈，但是对这些年轻人来说，我们所分享的职业规划、爱情观、家庭关系反而使他们印象深刻。与这些年轻人的交流，也影响到了之后我与自己孩子的沟通方式。这是我的一大收获。

在另一个蛮有意思的小项目中，一批学生跟着微众银行董事长顾敏做了一个 App（应用程序），旨在帮助用户提高财商，例如帮助十几岁的孩子学习如何管理财富，制订理财计划。事实上，除了那些出身优渥的孩子，许多出身中低阶层的小朋友从小缺乏财商教育，长大后容易陷入恶性循环——越不懂得理财，就越无法积累财富，并把这种困境遗传给自己的下一代。这个 App 就是出于帮助这些人的考虑创建的。

顾敏真的非常体贴而负责。有一次，他在离开香港回内地前，特意约 4 位学生吃了早餐，告知他们"我要回内地了"，但对于这个项目大家不能松懈。他说，他会在深圳跟学生们通过视频推动项目，这次约学生们吃早餐，就是为了跟他们提前沟通好相关安排。这种姿态让学生们感觉受到了尊重。

另一个案例是，香港有一位非常有名的餐厅老板，拥有 12 家餐厅，其中 4 家是米其林一星餐厅，非常有实力。她有一次晚上发信息给我，说她压力很大，因为她担心跟学生的沟通不畅。那时正值香港新冠肺炎疫情最高峰，其实她应该担心的是，她的餐厅要关门了，但她没有跟我说这些，而是问怎么做好跟学生一起做的项目。

她的担心让我深有感触，确实只有这样的用心，才能让学生感觉受到尊重，从而真正接受这个项目。像顾敏这样的例子也显示，其实很多时候你不用去说很多道理，只要把互动的细节铺陈出来，就可能取得很好的效果。学生们能感觉到 CEO 们的用心，他们也会投桃报李。

从顾敏的那顿早餐到不担心餐厅关门反而担心学生的餐饮大亨，这些案例里充满了对新一代的尊重。这样的尊重，正是 Project Melo 成功的重要条件。

事实上，每个 CEO 都把自己当成了这个项目中的普通成员，他们跟年轻的学生是一样的，大家都有一个共同的目标。总而言之，我们搭建的这个平台，实质上并非一个实习的机构，而是一个建立 CEO 与年轻人之间的信任的平台。在整个过程中，年轻人增加了对 CEO 们的信任，CEO 对于年青一代的刻板印象也被打破了。

通过代际的项目合作，我们发现新一代的年轻人十分有潜力。一些社会媒体会突出曝光某些年轻人，导致大家容易以偏概全，误会这代年轻人没有希望，甚至会随时放弃自己，但事实并非如此。

所以我认为，社会需要帮助年轻人激发潜能，也让公众看到这代年轻人并不是"垮掉的一代"。他们有自己的想法，有梦想，也有行动力，他们需要的是机会。

同时，人们看那些"神级成功人士"的故事，可能会有距离感。像我这样出身平凡但逐渐也能为社会做出贡献的人，反而会让普通年轻人感到亲切，觉得我们的故事对他们更有帮助，也更愿意和我这样的人互相学习。

- 4 -

我希望大家可以从我的经历中看到，每个人都会有自己的发展空间，从而实现自己的理想，关键是需要一步步地寻找、优化自己的目标。这是一个过程，也是 Project Melo 希望传递给年轻人的东西。

随着项目的不断推进，越来越多的人和组织想要加入我们。一些慈善机构想要为我们提供资金，一些还没来得及沟通的 CEO

也主动与我们取得联系，希望一起做点事情。我们的团队越做越有动力，想法也越来越多。我们现在不仅把这个项目视为帮助年轻人的平台，而且把它视作一个能够帮助整个香港地区发展的长远计划。

我逐渐意识到，工作无法发挥我所有的能量，无法满足我对香港社会的热爱。随着 Project Melo 的推进，我更加感受到了自己的价值。

除了前面提到的一些小项目，我们还有一个项目组同企业合作，做了一系列的视频，聚焦于残障人士群体的现状和工作空间。因为有些公司会聘请残障人士，我们就去了解他们在公司中可以做的事情。我们也以此作为推广契机，让更多企业了解到，残障人士群体是可以在公司里发挥作用的，有些甚至比身体健全的人做得更好。

还有上面提到的 App，致力于向学生群体传播正确的个人财务管理观念。现在很多十八九岁的青年人容易乱花钱，或者是投资错误的方向。这款 App 采取更加接地气的方式，以游戏为载体，在游戏中让年轻人了解到什么是财富和资产规划。这款 App 也反映出 Project Melo 针对特定群体量身定做的特点，拒绝假大空的"大水漫灌"。

事实上，我们的每一个项目都会针对不同的群体、不同的社会问题，有的放矢，这样不仅激发了每一位参与学生的潜力，以及他们对这个社会的认可度，而且确实在一点点改变这个城市和它未来的发展方向。

我为大家感到自豪，我对这些年轻人的未来充满期待。

- 5 -

我本人也是 Project Melo 的受益者，从中学到了很多东西。

通过这个有意义的项目，我更加意识到，人生所有的事情都是从一小步慢慢开始的。我一开始并没有类似"影响香港新一代年轻人"这样宏大的目标，这种过于宏大的目标反而会限制项目的落实和影响力的发挥。

当我们从社交网络上看到年轻人表达自己对 Project Melo 的感激之情，或者充满期待想要参与这一项目时，我们的影响力就已经开始一步步地在年轻人中得到扩散。参与者的亲身经历比广告宣传更具说服力，也更具吸引力。

同时，我更加深刻地意识到，不管在哪个时代，年轻人都是最重要的一代。我觉得，不只是我，所有 CEO 都需要与时代接轨，也要更接地气，了解年轻人的真实想法和实际处境。像我们这一代的决策者，应该尝试与年轻人深入沟通，了解对方的看法和期待。

平心而论，我其实算是受惠于香港起飞阶段的一代，而我刚好又有海外的学习和工作经验，这让我积累了很多人脉关系。有了这样的能力和资源后，如果不去找机会和方法为社会做一些事情，自然是于心有愧的。

但是，这种对社会的贡献一定不能流于形式。有思考性的行动远远比你直接给别人钱重要。中国有一句老话，授人以鱼，不如授人以渔，想来真是富有哲理。

事实上，Project Melo 第一年大概只花了 40 万元，如果我们把这 40 万元直接捐给慈善机构，可能不会激起多大的水花，但是通过我们这个项目，这 40 万元发挥出了远超它本身的价值。

Project Melo 在 2021 年仅有二十几个学生参加，范围比较小，在 2022 年我们有一个比较大的改变，希望推动一个峰会性质的活动，借此吸引更多的参与者加入讨论，由年轻人来推动一些核心的想法，CEO 的角色则是倾听者，由他们去倾听年轻人对一些关键议题的想法，比如未来的就业形势、教育问题、气候变化等。希望通过这个活动，我们能够取得更大的影响力，让更多年轻人加入我们，与 CEO 们一起改变世界。

如今来到了 2022 年，我的设想正在一步步变为现实。到我撰写本书时，大概已有 23 位香港有名的 CEO 确定参与项目了，这标志着项目的茁壮成长。此外，香港的《南华早报》也会跟我们一起在 7 月中旬推动一个名叫 Melo Summit 的峰会。如果你把达沃斯论坛想象成一个 CEO 担当主角的峰会，那么 Melo Summit 正好反过来，CEO 是听众，学生是主角，这样的感觉很特别，不是吗？

- 6 -

除了 Project Melo，我个人最近几年还做了不少事情，也更加关注自己对公共事务的参与度，比如我加入了大自然保护协会，成为其亚洲的董事之一。

最近我也参与推动了一个奖学金计划。现在在常春藤联盟中，只有哈佛大学和普林斯顿大学两个学校接收全球不同财富背景的学生，并且有些学生能拿到奖学金。我想把这种"待遇"推广到沃顿商学院和宾夕法尼亚大学，不管是来自哪里的学生，不管其财富背景如何，只要有能力，就可以拿到这个奖学金去读书。

我还加入了东亚银行（中国）和数码通的董事会，这两家公司也让我看到了香港企业如何建设香港这个城市，它们也很关注如何吸引年轻人、如何去参与这个社会等问题，从中我也学到很多东西。

对于公共事务的参与，我觉得不在于参加的数量多少，而是要切实地了解自己的影响力，同时能够真正参与其中，做真正有价值的事情。

当然，目标也很重要。我的身份认同是，我是中国人，是香港人。因此我希望为中国的发展出力，也希望香港变得更加美好。

尽管我曾出国学习和工作过，但我始终觉得我是一个中国人，这是个永远不会改变的事实。我觉得，作为一个人，最重要的是知道自己从何而来。

　　一个人的影响力在哪里可以最大限度地得到发挥？应该是从小长大的地方。因为一个人的成长经历会受到环境的影响，而同一地区的人的经历也会相似。

　　香港经历了长期的殖民统治，后来才回归祖国。一部分香港人其实缺乏对香港本身历史的了解，以及缺乏对自己同香港和祖国之间的联结的了解。但他们的根就在这里，这是不会改变的。像我很早就意识到，人需要一种归属感，只有这样，才知道自己应该为了什么而奋斗。

　　所以我选择为了中国的发展而奋斗，为了香港的明天而努力。这是我的志向。

把你拿到的牌打到最好

　　《选择》终于写完了。对我自己来说，写这本书，是一趟充满惊喜的旅程。往事像电影镜头一般，一帧一帧在眼前飘过，也让我重新回顾了自己人生上半场中许多的经历与思考。我把书稿拿给太太和孩子看，他们同样有惊喜——原来最熟悉的亲人也有自己不知道的那一面。

　　我写这本书，一定不是因为我觉得自己的职业生涯有多美好。这几年来，我们看到了这个世界的急剧变化，感受着太多的动荡与不安。战争、疫情、各种政治经济和社会事件，让许多年轻人对未来多少感到迷茫，对自己的职业生涯感到迷茫。

　　我想，这个世界可能需要更多的分享。真诚的分享会帮助到许多人，让人们在这个纷乱的世界中不再孤单地去探索，去寻找人生的位置。于是我就有了写作《选择》的念头。我希望借着这个机会做一些分享，让新生代可以有机会看到，一个人的人生可以如何去做定位，一个人的职业生涯可以如何去做规划。

　　分享，而不是教导，这是我的出发点。我分享自己人生经

历的过程，也是我自己继续学习的过程。比如，本书中提到的
Project Melo，也是一种分享方式，让我更好地去了解新生代的想
法——他们在面临什么难题？他们喜欢什么？他们关注的许多议
题，包括时政、气候，甚至新的 Web3.0 等，都能对我有启发。对
我来说，这也是一种学习。

其实，人生规划也好，职业生涯的规划也好，并没有一个正
确与错误的明确定义。每个人都可能在自己的人生路上看到一些
机会。关键在于，每个人如何真正发挥好拥有的资源，并激发自
己的潜力。这就有点像玩扑克牌——手上拿到的是什么牌，又如
何把这副牌打到最好？这一点很重要。每个人手上拿到的牌都不
一样。无论拿到的是怎样的牌，都要尽量去打好，这也是人生有
趣的地方。

我不是职业作家，完成一本书并不容易。首先我要感谢我的
太太，她给了我一个非常安稳的家庭，让我可以有充足的时间去
做更多的思考。她永远能给我思考的新维度。在构思本书的过程
中，我也常常听取她的意见和建议。

我感谢我的两个孩子。他们的成长经历，让我和我太太感到
骄傲，也给了我许多的启发，帮助我了解年青一代在面对一个激
烈变化的时代时的困惑与思考。我太太和两个孩子是我 100% 的原
动力。

我感谢我的父母。他们在我很小的时候就送我去海外留学。
我的求学之路，经历了加拿大、美国和英国三个国家。家庭环境
对一个人的成长影响非常大。感谢我的父母给了我一个温暖的家

庭环境，让我可以有很好的基础去发展我的事业。

最后，我想感谢在本书的写作过程中给过我许多帮助的人们。

感谢卡梅拉传播创始人汪晓波老师和他的团队。在我写作本书的过程中，他们提供了很多的意见和建议。我感受到了这个团队的专业性，也希望本书能以专业的方式呈现给读者。

我也要感谢几位给我写作建议的精英人士，包括 Two Sigma 联席主席兼创始人 David Siegel、太盟投资集团（PAG）主席兼 CEO 单伟建、创新工场主席兼 CEO 李开复、小米集团首席财务官林世伟、高盛前亚洲主席曾国泰（Moses Tsang）、瑞银前亚洲区总裁施许怡敏、纽约证券交易所前执行副主席刘文思（Betty Liu）、Project Melo 共同创始人麦明诗、环保专家兼环保机构 V'air 创始人钟芯豫女士、戈壁基金投资高管张贝贝女士等。他们每一位都是各自领域的杰出人物，在我写作本书的过程中，他们都给予了很多宝贵意见。

最后，我把我的诚挚谢意献给所有阅读本书的朋友。正如我一再说明的，这只是我人生经历的分享和我的一些思考，而不是教导。如果本书能够让大家有所感悟，特别是对年青一代有所启发，我会非常欣慰，所有的努力和付出也会非常值得。